兒子使用說明書

息子のトリセツ

黑川伊保子——著　蘇楓雅——譯

在你放棄和兒子溝通之前，

請先看腦科學專家怎麼說

目次

第二章　培養「生存能力」的方法

第三章

培養「愛」的方法

第四章 培養「行動力」的方法

前言

這本書想邀請全天下當「兒子的媽媽」的女士來細讀。此外，希望家有媽媽的男士也能翻閱。

男人的大腦與我們女性的大腦，生來就擁有不同的特質，需要不同的栽培方式。

沒有學習過「男性大腦學」的母親，要理解男孩子說起來相當困難。

當然，即使沒有這方面的知識，透過愛與合得來的相處，或許母子關係也能維持。然而，若有相關的認知，教養孩子的喜樂一定會加倍。

如果閱讀這本書的人是兒子的爸爸，面對妻子與兒子之間存在的緊繃，就能找到幫忙解除其壓力的方法。

男子的大器量由母親決定，因為隨時隨地陪在新生兒身邊的母親，會左右兒子大腦的「座標軸」。

如果爸爸想把兒子培養得強健高大，在鍛鍊兒子之前，讓妻子輕鬆是必要的。

身為「兒子的父親」的人，他的第一使命是好好照顧妻子；這看來也許是繞遠路，事實上是唯一的捷徑。

無論自己是沒有兒子、曾為人子，或者現在仍在當兒子的所有男性，都希望你們一定要讀這本書。

母親究竟是什麼樣的角色呢？

本書內容全是獻給身為兒子的媽媽的信息，同時也在證明「女人教養男性大腦的難度及偉大」。

你的媽媽獲得你這樣的珍寶，是如何猶豫、又如何開疆拓土，用雙手及心血編織每一天啊。無論如何，請你都要體會和諒解，母親年輕時的歡喜和不知所措。

此外，本書中若有自己沒能從母親那兒充分得到的知識，不要怨恨母親，靜靜地學起來就好。在教養你長大的時代，並沒有這本書的存在，所以要懂得體諒。

那麼，現在就請仔細享讀能教養出「連媽媽也會欣賞的好男人」的方法吧。

第一章

認識男性腦

絕大部分的男性生來就具備「空間認知優先型的大腦」。

當然，這並不表示其他類型的大腦就不好，而是指出這種男性占大多數的確是事實。相對來說，**女性絕大多數屬於「溝通優先型的大腦」。**

空間認知優先型指的是，神經迴路會以自然地讓視線遊走「放遠」、測量空間的距離、認知物質的構造為優先，來做為大腦的使用方式。溝通優先型則是指，自然地集中注意「近處」，神經迴路以針對眼前的人的表情和行為做出回應為優先，來做為大腦的使用方式。人類對於兩種方式都可以使用，但在瞬間立刻要以哪一種方式為優先，則是預先註定好的事。如同每個人都有慣用手，每個人的頭腦也有「慣用迴路」這種設定；因為在攸關生命「立即」的瞬間猶豫的話，可是非常危險的。

迷上玩具車的男生和迷上「自己」的女生

男生從一歲開始，幾乎可以很確定地說，會迷上汽車或電車。另一方面，女生當中會黏在玩具車展示櫃前的孩子，我自己可是從未見過。

二〇二〇年的時候，高知識分子似乎都流行評斷說「大腦沒有性別差異」。某研究者指出，其理由是這種說法看起來更先進、更聰明；同時也是標榜促進女性活躍的社會局勢下的要求。

不過，實際站在養兒育女的母親角色來觀察，兒子和女兒是不同的。即使有人說沒有性別差異，但明顯脫離了現實不是嗎？

男孩對玩具車、女生對亮晶晶的飾品表示關注，明明不是父母親決定和分配的，孩子本身卻會自動區分自己的興趣。為了試驗，我曾購買一整套漂亮的飾品給幼小的兒子，可是他連一秒鐘也沒注視。換成是堆高機和消防車的話，就急忙飛奔過去，一整天沉浸在裡頭。

女孩對於觀察人的心情很在行，從很小開始，就充分理解自己笑容的魅力；就算只有三、四歲，就已經懂得巧妙地控制父親。即使只是從旁觀看這樣的小孩，也往往會不禁讚嘆「果然是女生」。相反的，沒見過男孩把笑臉和聳肩當作武器來使用。

男孩和女孩哭的方式不一樣。固執的點、平復心情的方法、肢體動作、喜歡穿的衣服，全都不一樣。個人的差異性當然會有，但是有育兒經驗的母親，提到「女生都這樣」、「男生都那樣」的例子可是多得不勝枚舉。

你也有同樣的見解嗎？那些不痛不癢的話在教養孩子的現實中可不管用。

基於這個理由，我想在此重新宣言：男女頭腦大不同！

男女的頭腦沒有差異？

不過說到底，男女頭腦所搭載的功能規格是相同的。

男性和女性都是具備相同的頭腦而誕生，並不存在唯獨男性才有或者唯獨女性才有的器官；男女皆具備一樣完整的功能及潛能。

就這層意義來看，可以說「男女的頭腦並無不同」。

然而，比起搭載何種功能，**「當下選擇用哪一種功能」**才是決定大腦性質的關鍵。

功能方面，男女都一樣。可是，「當下立斷所使用的神經訊號模式」則出現選擇上的差異。這就是頭腦產生的性別差異。

主張「男女頭腦沒有差異」的學者，指的是「具有不同功能就代表男女的頭腦有差別」，而且「就功能而言，找不出超出個人差異的性別差異」。所以理所當然可以說，大腦功能沒有差異，都是用相同細胞組織構成的一個器官。

然而，為何腦生理學的老師都會用功能規格（齊備）來比較男女的頭腦呢？

這個前提本來就是個大錯誤。

頭腦的工作是「選擇」

頭腦並不是一種「經常使用全套功能的裝置」。

頭腦裡面所含的迴路像天文數字那麼多，儘管備齊足以應付一切事態的功能，頭腦的結構卻不是經常性地使用全部的功能。

在必要的時候，只使用必要的迴路，敏捷地傳遞電子訊號。

比方說，為了認清「眼前閃過的黑影」是一隻貓，只需要在「認知貓的迴路」內傳遞電子訊號。如果連「認知大象的迴路」或「認知老鼠的迴路」內都有電子訊號流動的話，就會弄不清楚「眼前的動物」而只能呆立不動了。

必要的時候，能夠敏捷地選擇必要的迴路，正是被人稱為「聰明」或「判斷力強」的人的頭腦。

突發的瞬間，該選擇哪一個迴路呢？

這個則是潛意識下的活動，並且有明顯的性別差異。

當然，這不是百分之百的絕對，畢竟頭腦並非工業產品啊。但是，多數男性所選擇的迴路模式，以及多數女性所選擇的迴路模式是存在的，從出生後很快就可以看見那些徵象。

男女的頭腦並非功能上有所不同，而是在「瞬間無意識」時的選擇會不一樣。

「遠」或「近」的二選一

頭腦無法同時做的事情有如山那麼多。

假如無法同時進行，又不提前決定好「突發瞬間該使用哪一個迴路」，就會有危險。

「看遠」或「看近」，這是二選一的決定。

眼睛無法同時看「遠」和看「近」。如果想試著看遠又看近，只會模糊地看到整體。在廣大範圍內尋找某樣東西時，或者運動、射擊等需要特殊眼力的場面，觀看整體可以是有效的手段，但是在非遠非近的狀態下，採取直接的行動是有困難的。

之所以會如此是因為，注視遠方目標的時候，以及看著近處可愛的東西滿心歡喜的時候，使用的可是完全不一樣的腦神經迴路。**誰都有能力使用看遠或看近的迴路，但誰也無法同時使用這兩個迴路。**

查看可將大腦內部的神經纖維網絡視覺化的神經迴路圖，會發現執行看遠的方式時，大腦縱向部位（沿著前額與頭部後方相連的縱裂）使用較多；執行看近的方式時，連結右腦與左腦的橫向訊號則更頻繁。若當作「電子迴路基板」來判斷的話，很明確是徹底不同的裝置。

世界上，有在當下選擇「遠」的大腦，也有在當下選擇「近」的大腦；大多數的男性屬於前者，大多數的女性屬於後者，這是身為人的原廠設定。換言之，前者是「瞄準遠處的目標物」的設計，後者是「專注於近處的可愛物品」的設計。

而理由應該顯而易見吧？

男性腦是狩獵的設計，女性腦是育兒的設計，人類的原廠設定就是如此。如此一來，才能提高生存機率，而且盡可能留下更多遺傳因子。

兩者沒有高低之分，無論哪一種，都是人類不可或缺的功能。

男女擁有相同的頭腦構造，而在瞬間啟用「別的裝置」是一個互相取得平衡的組合。家人陷入危險時，一方可以在瞬間瞄準遠處的危險物而做出恰當的處理，另一方則能夠針對眼前重要的事物，哪怕是一瞬間也會全神貫注地保衛到底。兩種頭腦的功能若不能並肩同行，就無法守住寶貴的事物。

正因為「瞬間取向」不同，所以更加卓越。

話雖如此，「瞬間取向」的不同也使人更容易氣惱。

男性「視而不見」的習慣

男性會在一瞬間果斷地鎖定遠方的目標。

因此，去廁所的時候，只看得見廁所；去洗澡的時候，眼裡只看得見浴缸。男性絲毫不會注意到，要把眼前髒的茶杯順便隨手拿到廚房，把剛剛脫下的襯衫順手拿到更衣室。結果往往是沒有做完就撂下不管、脫完衣服擱著、東西放著不收，養成一堆「視而不見」的習慣；怎麼叫他注意，同樣的事仍會一再重演。

那並非提不起勁的關係。瞬間選擇「看遠」的頭腦是優秀的才能。男性就是具備這個鎖定的機制，才如此擅長狩獵。

人類集中注意力可以注視的範圍，常被形容大約是視野之內「拇指指甲」般的大小。注視遠處獵物的時候，當然看不見腳下，而且也沒有理由去看。因為一旦決定要「捕獲那隻獵物」，假如還去留意「腳下的玫瑰或莓果」，應該是無法打到獵物吧？

果斷地鎖定目標，並且不會跟丟；視覺皮質區的這種傾向，都會反應在思考的習慣及說話的習慣上（這部分後續會有詳細的描述）。

總是朝目標前進，並保持客觀，這兩種特質具有很多優點；學習理科的科目，若缺乏這種覺察力就很難樂在其中。在開拓事業方面亦然，大家相當重視這類型的能力。總而言之，是能力強的商業人才必備的條件。

當然，女性也能夠駕馭這項能力；職業婦女自然不在話下，賢慧的主婦也經常拿來派上用場。「迅速用剩菜烹飪出美食」，或者「規畫絕佳的收納系統，讓房間總是整整齊齊」等，經驗豐富的家庭主婦輕輕鬆鬆展現出來的那些技巧，若不是大腦「遠」和「近」兩種功能靈敏地交互使用，是無法順利達成的。

事實上，這種家事任務正是發展人工智慧的最大難關。相較於打敗日本將棋的名人，成為一名精通十八般武藝的主婦相對加倍困難。每天家裡面都能有「雙腳可以走動的地方」，真是希望大家多多感謝的事啊。

消除缺點，優點跟著變弱

自古以來，男性藉由「看遠」的能力，可以驅向荒野、開拓森林、為守護家族而戰鬥，並且傳宗接代；疊合數學與物理的新發現、搭橋、建設大樓，還能飛向宇宙。

然而，由於缺少「看近」的習慣，在家裡即使再優秀的男性腦，仍隱約有英雄無用武之地的感覺；淪為「經常心不在焉、視而不見的男人」這樣的印象。

頭腦轉換成育兒模式之後，處於「一生最機靈狀態」的母腦，就無法不注意到男生的這種狀況，並且勢必會不禁想要催促——「要這樣做」、「快點做」、「你看、你看」、「為什麼就是做不到！」。

儘管如此，但強制把頭腦的使用方式轉成「注視眼前，對接二連三的事情察言觀色」，就會變成單純看不到「遠處」；這麼一來，前述所提及的「奔向宇宙的冒險心和開發力」等長處，也會在不知不覺中被削弱。

那端鼎立，這端就垮下。這就是大腦的真面目——感性領域的特性，如果嘗試把缺點化為零，優點也會跟著變弱。

若想為兒子的頭腦扎下男性腦風範的根，唯一能做的就是包容他的弱點。

因此，首先，容許兒子一輩子都會「心不在焉」和「視而不見」。

這就是《兒子使用說明書》最基本的重點，也可以說是教養兒子的第一條法則。

「為兒子好，多少需要教他守紀律」，雖然有這樣的觀念也不錯，但是不該指望達到跟女性腦一樣的水準，也別因爲受挫而發脾氣。當母親的需要銘記在心的是，即使兒子不去做是因為沒有做的意願，或者缺少細心的體貼，都不代表他的品格較差，一切只是因為頭腦辦不到而已。

順便一提，如果能同樣諒解丈夫的這一面，那麼家庭生活一定會更加輕鬆愉快。

與男人一起生活以及教養兒子成為男子漢，其實就是欣賞「男性腦」的長處，包容其缺點的過程。

「教養女兒」和「教養兒子」的方向不一樣

兒子很可愛，女兒當然也很可愛，但是大家經常會提到，這兩種是不同類型的可愛。兒子討人喜歡的模樣之所以會令人疼入心，是因為男孩子的自我身分認同的發展，遠比女孩子起步得晚。

女孩子較早認知到「自己」，並且懂得巧妙地表現出來。

比起「自己」，男孩子則傾向於熱烈地關注「對象」，把自己擺到一旁，首先熱衷於「母親」這個對象。漸漸地，男孩子所著迷的範圍會從玩具、運動、拓展至宇宙等面向，儘管如此，在正式進入自我身分認同的青春期之前，大腦仍以「一心向著母親」為最根本的基礎。換句話說，在人生的最初階段，男性腦所認定的「自我」是完全交付在母親身上的。

這也說明兒子總是離不開媽媽的緣故，那份「完整的愛」使男孩子覺得自己少了母親就會活不下去。

大多數的女性生來就具備一種能力，可以「把身旁的四周巡視一遍，再將心思放在喜愛的事物上」，最終養成客觀性並成為能力優秀的女人。

女孩子在幼小時期所「喜愛的事物」當中，排在首位的其實是「自己」。她們在很早的階段就懂得愛「自己」，而且會仔細觀察「自己」和周遭有著什麼樣的關聯。

你抱著一個小女生時，她常常是笑咪咪的，抬頭看著大人的眼睛，也會表現出討人喜愛的模樣和動作。此外，女孩子也會一邊抱著絨毛玩偶，一邊輕柔地把它壓向「自己」的手腕和胸膛，藉此確認自己的存在。那副「自愛」的模樣，就是讓爸爸的心融化的主要原因。

對孩子來說，因為強烈感受到與母親是一體的，所以愛母親就像愛自己一樣。孩子真的經常觀察入微，在母親自己注意到之前，孩子就已經脫口而出：「媽媽胖了呢」。甚至用他們的小手，什麼都想試著幫忙一下。結果可想而知是幫不上忙，可能打翻了東西、打亂了整齊等，還招來大人的教訓，可是孩子的行動既不是「搗蛋」也不是「多事」，而是真真切切的愛啊。

女孩子慢慢會愛上比自己更重要的某個人或有一些偶遇，隨著年齡進一步在人際關係裡經歷傷心事，然後透過讀書或學習進行適當的自我重建，一步步變成大人。

教養女兒，就是在「自我重建」的過程給予協助，而不是像養貓一樣寵愛。關於這一點，在平成、令和這兩個時代當上爸爸的人似乎多數都不清楚。

基於此，正在教養女兒的諸兄（對我來說應該稱「諸弟」），請一定要閱讀《女兒使用說明書》這本書。

如果把自我重建（修整）當作是女孩子成長為大人需要經歷的主要課題，男孩子則正好相反，他們需要經驗的是確立自我認同。

大部分男性天生的才能是：「俯瞰遠景，探明整體，察覺事物的構造」（客觀性），男孩終究會察知到自己的思緒（主觀），成長為自始至終都會保護所愛之人的男人。

總歸來說，成為大人之後，男女都會養成主觀與客觀兩種看法。

無論是男人還是女人，想當個「出色的大人」的話，就得懂得均衡運用「遠」（客觀）和「近」（主觀）兩種視角；既是富有責任感且果敢的戰士，同時不惜付出愛的話語和仁慈的作為。

就像掀起第三波韓流的韓劇《愛的迫降》的男女主角：俊帥的中隊長利正赫，以及以超高戰略力和經濟能力，徹底守護與利正赫的愛情的女企業家尹世理。

假如世界上所有的人都能成為那樣的大人，那麼就算有人斷言「大腦並沒有男女之分的差異」也無所謂了。

不過，一個人在完全轉換成大人之前，是無法把男性腦和女性腦一起並用的，因為兩者成長的方向完全相反。

所以說，教養女兒和教養兒子的方向各不相同。

並非全部的男人都擁有男性腦

然而，男性當中有些人天生具備的才能是偏女性腦的，可以「把身旁的四周巡視一遍，再將心思放在喜愛的事物上」。

這種情況並不是神的錯誤。自古以來，就有一定比例的男人生來如此，表示這是上蒼「預定內」的現實。

右腦與左腦一起協同運作，才能建立自我，以及把心思放在眼前的人身上的訊號。右腦是感性的領域；左腦是與顯意識直接連結，可以組織語言的領域。將感受到的事情轉成語言表達，或者從「他人的表情與行為」察覺到某種氛圍時，都是頭腦在使用左右腦的協同訊號所致。換句話說，**女性生來就強烈傾向於優先使用左右腦的協同訊號**。

協同左右腦的工作是由腦梁這個器官負責。腦梁位於頭腦的中央，橫向連結右腦與左腦的神經纖維束；女性的腦梁天生就比男性的更粗，以便利大量的訊號可以快速流通。

關於腦梁的粗細程度差異，不同的論文呈現不同的見解；有的指出是百分之十，有的則估計是個位數的百分比。根據受試者的挑選方式及數據統計方法的不同，實驗結果當然也不會一致。但是，我們不能漠視「女性腦的腦梁明顯比男性腦的更粗」這個發現。實際上，有的腦外科醫師也表示「以實際觸感來說，有男女的差別」；另有實驗數據指出，人工智慧透過視覺在學習男女腦部的圖像後，即使看到了不知名的圖像，也幾乎都能夠毫無差錯地判定是男性或女性的頭腦。

有些男性與生俱來的腦梁，就跟女性腦的一樣較粗大。

事實上，男性的腦梁並非一開始就是纖細的，而是在母親的胎內逐漸細化。起初，男性的腦梁與女性的一樣粗，但是經過懷孕二十八週之後，從母親的胎盤供給的男性荷爾蒙會產生影響，使腦梁逐漸變細。基於這個原因，懷孕期的狀況及母子倆的體質組合若有變化，當然就會有腦梁沒有變細的男嬰誕生。

若天生具有較粗大的腦梁，自然會以主觀為優先來踏出人生的第一階段；所走的途徑也與一般男生的不同。即使成為大人，說出的答案也會與其他男性的不太一樣。

這樣的人具有男性的身體，一邊受到男性荷爾蒙的影響，一邊以主觀優先的思考方式行動。**這類型的頭腦具備高水準的美感，他們在社會上大多是屬於直覺型的天才。**總而言之，「世上偶爾有腦梁粗大的男子誕生」這件事，是為了在好戰粗魯的男人之中，偶爾出現具有崇高美感的直覺型天才，這實屬自然界的真理，亦是神的「預定計畫」。

極具美感的天才

當然，藝術家、設計師、音樂家、新銳企業家等等，應該都是大家熟悉的天才類型。

從史蒂夫．賈伯斯的言行舉止看來，應該可以推測他就是屬於這類型的人。設計出傳說中一體成型的電腦（在他實現此創舉之前，電腦是分成螢幕、演算裝置、記憶裝置三部分，又大又醜的機器），繼而開拓「個人電腦」的世界，成為家喻戶曉的蘋果（Apple）創辦人。

用相對論改變了「宇宙」的愛因斯坦博士，在七十六歲逝世時大腦被加以解剖研究，他的腦梁比起三十歲男子的平均值，粗度大約多了百分之十。愛因斯坦的大腦正因為擁有登峰造極的主觀與客觀，因此能提出足以顛覆宇宙的偉大發現。

在可可．香奈兒死後，領導香奈兒品牌登上鼎盛高峰的傳奇設計師卡爾．拉格斐，從他的言行和作品來觀察的話，應該也是在成長初期就是屬於主觀型的大腦。

同性戀是頭腦的「正確行為」

大家都知道賈伯斯是疼愛妻子的丈夫，愛因斯坦博士則被批評為「好色之徒」。愛因斯坦其實也是有名的愛妻模範，只不過似乎也有風流韻事，傳聞留下的最後一任妻子把他生前寫給女性朋友的情書公之於世。

換言之，就算男性生來具有主觀優先型的頭腦，也不代表他是同性戀。但是，有時候男性會追求自己所缺乏的感性，若因而愛上另一名男性，也不算是不可思議的事。卡爾・拉格斐生前不曾隱瞞自己是同性戀。

要「看遠」還是「看近」呢？

以「客觀」為優先，還是以「主觀」為優先呢？

頭腦的「瞬間神經訊號」的特性，會對個人的行為、說話、思考方式、事物的偏好等產生莫大的影響。

主觀優先型的男子當中，應該也有人會覺得行動偏女性化、像女人一樣生活，「大腦覺得更舒適自在」吧；有些情況下，一定也有男人愛的就是男人。

同性戀者在歷史上曾有很長一段時間被認為是人類的禁忌，不過這是無稽之談，因為就頭腦來說，這不過是「正確」的行為表現而已。

如果兒子是「女性腦」

基於上述種種原因，教養兒子時，就不能百分之百排除他可能是「主觀優先型的男人」、「偏向女性化的外表與舉止的男人」、「會愛上男人的男人」。儘管已經重複多次，但還是再強調一次：這些情況終究是人類世界既定的現實。

這本書接下來會逐漸集中在「心性（腦的使用方式）是男子」的範疇繼續探討；假如你認為這裡所談的內容與自己兒子的情況不符，那麼請改為閱讀《女兒使用說明書》。

前面提過，主觀優先型的男子都「極具美感」或是「天才」，這種人簡直是人間至寶。如此一來，我們不需要強求男生就要像一般男孩子，而是以教養女兒的方式去引導，讓兒子一邊持續順利地重建自我，一邊成長為傑出的藝術家或企業家就好。

雖然不是所有的「主觀優先型男子」都一定有同性戀的傾向，但是假如自己兒子的情況剛好是如此，就打開心胸寬容地承認，然後父母與兒子一起把社會的異樣眼光笑走就好了。

「繁衍子孫」這種觀念難道不是已經不再是人類的使命了嗎？

過去四十年來，人類的人口倍增。我上大學的時候，世界總人口數剛超過四十億，現在世界的總人口數則逼近八十億。就算有更多人把自己的人生完全投注在自己和社會貢獻上面，或者只專注於成就自我，其實都不會造成問題。

即使是異性戀的夫妻，也能選擇要生孩子、還是要盡情享受兩人世界，這才是對的。認為每個人都該與異性結婚、生小孩，這種約定俗成的觀念，顯然不適合今日地球上的生活方式。

在現今的地球上，面對兒子所選擇的道路，無論是什麼，我們其實都擁有給予認同的餘裕。

教養兒子是一場耀眼的娛樂

當然，對於那些選擇生孩子、步上為人父母之路的人，我打從心底送上祝福。我自己對於當一個兒子的媽媽這件事，心底有說不出的喜悅，而且兒子也是我的驕傲；兒子堅強、深思熟慮，而且無比體貼溫柔。

兒媳婦現在在看韓劇《愛的迫降》，昨晚說了這樣一段話：「雖然想過渴望成為尹世理，被利正赫深愛著～可是一睜開眼睛，看見自己的丈夫，就會意識到原來家裡就有一個啦。或者應該說，反倒是家裡的這個男人更棒。我實在是太幸運了！」

兒媳婦的讚美就是我的勛章啊。

兒子的成長過程中，為了他將來的另一半，我應用男女大腦的研究，一步步把他教養為成熟的男人；我覺得自己很盡興地樂在其中。

啊，真想與兩歲、四歲、八歲、十四歲，還有二十歲的兒子再見一次面呀；那令人心動的愛意、令人雀躍的驚喜，以及始終不變向著媽媽的專一的愛。教養男子這件事本身就像一場耀眼的娛樂。

年輕的媽媽接下來會在各個階段，看到不同年齡的兒子的各種模樣，想來就不禁令人羨慕。而且我心裡認為，不管哪個媽媽都應該把教養兒子當作令人自豪的事，並好好地體驗那過程的歡喜。

身為女人，面對教養「男性腦」的兒子這個大工程，除了會不斷累積新發現，也會獲得「世上另外一半的感性」，經歷一場精彩的冒險。

不過，事實上的確與奇幻冒險故事沒兩樣，當中包含種種困惑、焦躁不安，及挫折。然後魔法老巫婆出現，如果再不出手幫忙的話就糟糕了。

這就是為什麼要出版這本書的緣故。

那麼，現在讓我們回到主軸上。

接下來的內容將聚焦在「男性腦」（天生是客觀優先型的男孩子）的討論上。

男孩子為什麼喜歡車子？

男孩子生來就擁有以「看遠」優先的大腦。意思就是，他們純粹以使用空間認知力為第一優先。擅長深度認知、準確掌握距離感、洞察物質的構造等能力，都驚人地在很早的時期就開始發育。這些都是狩獵必要的技能，同時是理科智商的根源。

頭腦的設計是為了讓個人充分發揮長處，所以**男孩子會先測量距離、確認構造後，再開始遊戲**。男孩子會喜歡車子和電車的原因也是出於這個道理，那種光滑材質的質感，即使從遠處看也相當醒目，而且僅僅依照光的反射也能輕易理解自己所觀察到的形狀和構造；更不用說這些交通工具都是由機械零件組成，還可以轉動行駛。

我兒子第一次拿到玩具消防車時的表情，至今仍教人難忘，他就像鐵片接近磁鐵般馬上被吸住、附著；玩具車簡直就是判定男性腦的石蕊試紙啊（微笑）。

對我們女性來說，根本不明白「會動的汽車」到底有什麼好令人高興的（女孩子的話，大概只會看一眼就結束了），可是對男孩子來說，這種用眼睛去看進而認識的形狀和構造，只要放在稍微有點距離的地方，他就會突然興奮起來，接著爬過去，親自確認它的存在。整個就是激發卓越的空間認知力和培養好奇心的經驗。

因此，**男孩子的房間多少有點散亂其實比較好**；比如說，那邊有消防車、這邊有堆高機這樣的組合。做母親的要是提醒：如果想拿出第三個玩具，就要把其中一個先收起來喔，如此叮嚀兒子好好收拾的話，可能就很難把男孩子教養成男子漢了。「放任散亂」對男孩而言是最棒的英才教育。房間亂七八糟這件事，就算其他人嫌東嫌西，只要說「是為了把兒子培養成天才」笑著帶過即可。

爺爺這個要角

我家兒子最後幾乎像是要去汽車公司上班那般的，對車子情有獨鍾。

有一次，我在出差的地方發現了非常棒的木雕汽車，於是買下帶了回來；那是形體優美、外表光滑的雕塑品，價格也不斐。

我興奮地把木雕汽車遞過去，期待兒子會笑容滿面，他卻一副很失望的表情，連碰都沒有碰。「媽媽，你不知道嗎？我喜歡的是機關喔。」他說道。

「機關？」「對啊，可以打開、轉動、升上去……」「哦～機關呀。」

兒子幼小的頭腦顯然就是男性腦的類型，這猝不及防的領悟，使我整個人忘了問那個詞是誰教的。我事後猜想，可能是他的祖父或外祖父教的。我的父親戰後讀了國際政治學後當上了社會科的教師，不過在戰爭打斷求學路之前，他可是理科的學生。我丈夫（黑川）的父親則曾經是技術優秀的職人。因此不管是哪一位，都是懂得使用「機關」這個詞。

成長至今日，問起當初到底是誰教的，兒子似乎也不記得了。不過，他提供的證詞是：「可以確定的是，我很早就知道這個詞了。加上從我有記憶以來就很喜歡機關啦。」

即使像我這種理科女子，那種感覺仍然鮮明強烈。看來男性的頭腦，在超越女人想像之外的地方，祕密地成長著呢。祖父和父親的角色意外地重大，讓我們多花一點心思，增加兒子與「成熟男人」相處的時間吧。

在外面碰見「成熟男人」也是不錯的經驗。

兒子小學低年級的時候，曾在住家附近的圍棋會所上課。聚集在那裡的老爺爺非常歡迎年幼的初學者，雖然大家輪流跟兒子下棋，最初對弈的人所說的話至今仍教我記憶猶新。

那個人突然把棋石遞過來，然後用沉穩的嗓音對著我那一臉茫然的兒子說道：「現在，孩子啊，這個（棋盤）就是世界。你接下來要征服全世界喔，那麼開始的第一步要把棋子下在哪裡呢？」

兒子的眼睛閃爍著光芒，放下了最初的第一顆棋子。

如果他當真成了職業棋士，那麼那次的相遇無疑會成為美麗傳說中的一頁記載，然而世界可沒那麼簡單；他的天賦並不是圍棋。

儘管如此，在圍棋會所獲得的男人哲學，肯定在兒子的腦海裡成了重要的一部分，而且更難得的是，拜那些圍棋經驗所賜，他也擅長與年紀較長的男性應對進退。即使是現在，兒子仍會把年長男人的人生經歷及智慧當作自己的精神食糧，而對方也對他疼愛有加；身為沒有其他公司的支援就無法運轉的小企業管理者，這可是商場上莫大的優勢。

這麼說來，兒子好像與住家附近的魚販經常聊一些漁獲的事情。有一次，我打算到超市去買一些生魚片，結果兒子竟然對我說：「我們去魚販那裡買吧。你想那家店的主人會騙人、做事馬馬虎虎嗎？」

雖然我聽不懂他說話的邏輯，但重點應該就是「那大叔買進的漁獲、切好的生魚片可以放心吃」這個意思吧。

男人自有一套男人的信賴關係。

兒子生長的地方是東京都藏前區三筋一帶，介於淺草和日本橋之間的位置，時常可以看到晴空塔（Skytree）。這裡從以前開始就有許多帽子和皮包的批發商聚集，也有眾多職人居住在此，是別有韻味的下町區域[1]。我認為**兒子在成長過程中，生活周遭能遇到許多成熟的男人，實在非常有福氣**。

雖然帶著兒子的母親往往會漠視與陌生男性的交流，可是若有機會的話，應該不要

1 下町：廣泛的地理意思是指城市中，靠河海的集中地區；另一意思是自江戶時代工商業發達，眾多手工藝匠人居住的老街。

逃避，去試試看才對。

基地・工坊・聖地

我想給男孩子一個「永恆的遊戲空間」；這個空間也能稱為「工坊」，不論是花了多少個月用積木建造的東西，都能在此「創造再破壞」。

我家兒子是獨生子，但是我們選擇給他雙層床，底下的那一層就變成他自己的「積木工坊」。他與幼兒園的好朋友著迷地打造幻想中的宇宙基地，後來還利用了上層的床鋪，到最後是遍布整個房間；連睡的地方都沒有，只好用我的布墊打地鋪。

前幾天看電視時，有一個令大人汗顏的少年發明家，他的母親也說了同樣的話；想培養發想能力需要有一間「不需要收拾的房間」。那名御宅少年把十張榻榻米的空間，當作是自己的積木工坊；他本人表示：「做了打掉、再做再打掉，不斷重複的過程當中，各種想法似乎跟著靈光乍現。」

對頭腦而言，重要的是「想像」與「實行」不斷地交互重複。「到幼兒園和學校上課時會想起那個創作空間，幻想回家後可以這樣試試、那樣試試」→「回到家後馬上實際去試做」，這樣的反覆動作，會逐漸造就頭腦超群的創造力。

我家兒子就算現在快三十歲了，還是有這種試做的習慣。他在日光市足尾地區買了一塊森林地，在那裡與高中時代的好朋友建蓋山林住家；繪製藍圖、調運材料，一遇到假日就歡喜快活地前往森林地。現在的他，與當年利用雙層床打造宇宙基地的男孩一樣，雙瞳不變地閃爍著光芒。

男性腦不管到了哪個年紀，只要擁有基地、工坊、車庫，或者在山上海邊找到一處「心靈的聖地」，就能夠不斷地伸展個人的創造力，並進一步成為明日的事業開發力。對於成年男子的外遊這件事，我希望做父母的能夠寬容以待。

生命裡能夠與兒子相遇，真的使我的人生變得豐富繽紛；他會帶我去森林，抱我坐上吊床，甚至為了我要製作漬菜的糠床，特地從森林採集山椒果實送過來。這樣的人生遠遠超乎我的想像。

一旦有「別人不能碰、可以一直保有的地方」，男孩子的空間認知力就會顯著地提升；情緒也會更安定、集中力也更好。

尤其家裡的孩子若是姊弟的組合，由於姊姊時常會順勢插手干擾（儘管她覺得那是出自好意），因此最好能夠為弟弟提供一個「裡面的玩具誰都不能碰」的聖地。確保聖地這件事應該從嬰兒爬行的階段就開始做起，可以的話，劃分出一張榻榻米的空間；若空間受限，即使半張榻榻米也行，你一定能看見效果。

把生活交給母親

女孩子以「看近」為優先，只要給她喜歡的絨毛娃娃或玩具，就相對比較不容易亂動，也會對你說的話、你的微笑給予回應，那些東西實際具有讓女生安靜的效果。

男孩子的話，除了粗野地動來動去之外，也會被遠處的某些事物吸引，你和他溝通時，他總是隨便應付。

就是因為如此，許多媽媽都會形容男孩子「粗魯暴烈」，可是如果能夠理解上述的表現其實是「空間認知力（進一步代表學習力和創造力）正在發展」，應該就可以帶著更正向的眼光來看待了吧。

況且，由於天生是「看遠」為優先的頭腦，一談到對母親的愛的渴望程度，男孩子相對更加深切而強烈。

總之，男孩子就是全神專注於認知「遠處」的事物，把「近處」的一切完全交給母親、依賴母親。可以說把自己全部的生命交付給母親掌管，然後整個人著迷於遠處的玩具、汽車、電車等。

女孩子很早就懂得對母親的一舉一動觀察入微，一旦口語表達變得伶俐，甚至會開始評價和批判自己的母親。相較之下，男孩子在進入青春期之前都是一心一意向著母親的；而有兒子的母親應該都實際體會過。

就這一點來看，兒子真的很可愛；幼兒時期的兒子就像以純純的愛聯繫起來的小戀人。你說不是嗎？

母親是「原點」

以前，我帶幼小的兒子到公園去讓他自己玩耍的時候，有一位母親抱著年紀相仿的男孩子跟我打招呼說道：「您家的兒子真棒呢，活力十足地跑來跑去；我家兒子完全黏著人。」

事實上，我在她開口的幾分鐘前，就已經注意到他們母子了。那母親拚命想遠離兒子，但那孩子才稍微走遠幾步，就馬上奔回母親站的位置。

理由其實簡單明瞭：那母親無緣無故地走動；放開兒子的手之後，她就趕快閃到後面。那應該是她自己想遠離吧，臉上的表情也浮現出不安。

「媽媽你不要動喔。表情也要保持一樣的愉快和微笑，不能變喔。」我給了她一個建議。「男孩子會把母親當作原點，然後一邊測量與你的距離，一邊開拓自己的世界範圍。原點若是搖晃不定，打亂了距離感，男孩子就會跟著不安起來而無法行動了。」

後來雖然花了一些時間，那名男孩子最後終於能夠一步步地離開安穩站在原地的母親，可以自己跑著玩了。

在公園裡放開媽媽的手的那個瞬間，對於幼小的頭腦來說，就跟啟程走向全世界沒有兩樣，等於是人生最初的冒險。

一再地回頭看向母親，一面不斷確認母親不變地站在原地，這場大冒險才得以展開。

幼小的男性腦需要一面測量自己與母親的距離，才能一面拓展自己的世界。頭腦想像空間裡的座標軸，是以母親為起點而製作出來的；母親就是「原點」。

「我在關東平原奔走的時候，你能不能不要什麼都沒通知就自己跑到北海道出差？」當時十九歲的兒子一臉不滿地說道。

那是兒子準備騎摩托車遠行的日子。那天早晨我在道聲「路上平安」之後，立刻換上套裝前往札幌出差。傍晚回到家，兒子開門迎接說了聲「歡迎回家」。

我認為明明沒有什麼問題，兒子卻表現出不滿，原因來自當天下午三點時我寄給他的電郵：「現在在北海道的千歲機場。買了一個豪華海鮮便當，好期待啊～」。

兒子說，騎摩托車遠行時，家就是座標的原點，而腦子裡會時時測量和確認從這裡產生的概念距離。那個原點象徵包含了媽媽和愛貓。腦海中一邊想像媽媽和愛貓在家裡優哉慵懶的樣子，一邊感嘆「啊～我來到這麼遠了呢」，再次確定那種距離感所帶來的安穩。突然去北海道?!不要吧～讓人感到多混亂啊。接下來就迷了路，整個糟透了。

「誒，什麼話？你大腦裡面有概念空間的座標原點這東西?!」我驚訝道，結果兒子回一句：「現在說這什麼話啊，你不是一直在研究男性腦嗎？」轉身置之不理。

當媽媽的，如果不以安穩的表情堅定地站在原點是不行的。

不管你有多煩躁、多生氣、多憂傷，總之眼前這個當下，你仍要堅持用「路上平安」和「歡迎回家」打招呼，以永遠不變的安穩笑容迎接。

只要原點不動搖，男性腦就會強韌有力，整個人安心地迎向外面的世界。藉由好奇心與專注力，逐漸累積養成各種感性的特質。

希望你也能以同樣的態度與方式對待自己的丈夫。結婚後的男士，會把自己的妻子當作原點，朝著人生的路繼續走下去。

話雖如此，老家的母親是每一位兒子心的原點這件事是不會改變的。我想告訴兒子的是，只要活著的一天，「這裡就是你的原點，一個不會動搖而確定的存在。」身為兒子的媽媽，這不就是我們最後的責任嗎？

撒嬌有什麼不好？

雖然很多人都說，撒嬌的孩子會無法獨立，但果真如此嗎？

身為原點的母親如果一直是安穩且溫柔的存在，那麼男性腦就會感到更加安定；懂得毫無顧慮地撒嬌，應該才能夠沒有躊躇地踏上冒險的旅程。

男性腦天生就具備「向遠處看的優先意識」，因此，想要離開父母、走出去探索自我的天地是一種自然的本能。同時，自青春期開始分泌的男性荷爾蒙睪固酮，會增加男孩子的競爭心，使他們不得不向著荒野或滄海前進。

男孩的獨立心和冒險心是本能，既不是一種嚴格教養就能確實養成的能力，也不是安穩的家庭生活或可以撒嬌的母子關係就會削弱的本質。反之，突然放手會留下不安全感，最後反而造成男孩無法獨立自主也是有可能的。換句話說，跟那位在公園裡突然放開幼小兒子的母親一樣，得到適得其反的結果。

順道一提，「害怕兒子失敗、總是碎念、出手幫忙」，或者「教訓和命令、叫他上補習班、對讀書的事從頭管到尾」等，都是在打擊男性腦。換言之，**允許撒嬌和過度保護是徹底不同的兩件事**。

因此，我把這項腦科學上的發現當作根據，直接允許兒子撒嬌。基本上，只要他希望的事情都不會說「No」。即使無法實現的事情，至少也會設法照顧到他的心情。兒子到了上高中的時候，還會撒嬌地叫我幫他穿襪子呢。

哺餵母乳到孩子不需要為止

對於餵母乳這件事，我一開始就決定要一直做到自己或他厭煩為止，結果到了滿四歲都還繼續「餵奶」。四歲又兩三個月過了之後，他自己這麼說道：「媽媽，糟糕了。我以為是媽媽的奶，結果是我自己的口水耶。」

兩人不禁大笑了起來，此後兒子就自然從喝母奶畢業；真是幸福的斷奶經驗啊。一直到他四歲的生日左右，我都還在確認自己身體的狀況，對於在兒子需要時能夠供給母乳這件事滿懷感激，然而不管如何總是會有停止的一天。

對於母乳的哺乳期間，隨著時代改變，各方的見解也不同。在我生下兒子的九〇年代，普遍認為哺乳至一歲就斷奶是正確的。大眾的觀念是：「超過一歲還餵母乳的話，孩子長大比較可能會犯罪」，較晚斷奶的母親簡直被視為扶養罪犯一樣；還有人說這麼一來，孩子的牙齒會長得不整齊。

我無論翻閱多少母乳哺育相關的書籍，都得到同樣的結論——**「餵母乳直到母親不想繼續或孩子感覺夠了，自然停掉就好」**。住在一起的婆婆也同意這個說法，「回想起來，從以前開始，排行老么的吸奶時間總是比較長。有的小學生一放學回到家，還背著書包就站著吸奶呢。聽說那樣的孩子在社會上比較會出人頭地哦。」

話說回來，兒子在懂得分辨事物之前一直喝母乳，可是牙齒長得非常整齊完美呢；至今也沒有任何成為罪犯的跡象。

媽媽與孩子的步調不同，可能理想的哺乳期也不盡相同；我和兒子的四年也算格外地長，並不能成為參考。只不過，我們不需要被社會所謂的「理想」所誤導，希望你能親自藉由經驗去找到母子兩人的答案。

最近反而聽說宣揚餵哺母乳是主流趨勢。有位熟識的朋友表示，嘗試「長期不給幼兒吃副食品，只餵母乳的哺乳方法」之後，竟然發現幼兒的營養失調。當然，我認為母乳是很棒的營養來源，但是依每個媽媽的飲食習慣和消化功能的不同，母乳的營養價值也可能跟著降低。

孩子的營養素一旦不足，成長當然就會停滯不前；而比其他器官都更需要營養的腦部，其成長肯定也會受到影響。此外，皮膚因為缺少新陳代謝所需要的材料，導致皮膚表面乾燥，變成容易得到異位性皮膚炎。**母親不應該執著於要「餵母乳幾年」**這樣的數字，而是觀察孩子的情況，自己做決定。

兒子離家自立那天

我經過兒子十九年盡情撒嬌、蜜月般美好甜蜜的共同生活之後，他瀟灑地決定自立。兒子就讀的大學距離家裡騎摩托車要兩小時，大一的一整個學期都騎車通學，可是六月的雨季和七月的太陽，最後想必讓他累壞了。這下子，情況變成需要租房子才能解決通學的問題；那個星期二他宣布「這週末我要搬家喔」，然後全家三人一起找出租的物件。接著他突然就冒出一句：「明天開始我就在租房子的地方生活囉。」

我被意料之外的消息震得頭暈，整個人攤在椅子上。

他竟然要搬出去住了。

兒子或許只是單純地前往租屋處，可是事情沒那麼簡單。將來就算他工作後也不會再搬回來住，最後會與妻子兩人共同組成新的家庭，這就是所謂的自立門戶。今後我、兒子，和丈夫三人，再也不可能回到像三色麵包連在一起那種和樂融融的生活了。

這跟三十一年前離開家的我是同樣的景象，當時從栃木縣的老家到奈良的大學就讀，我也以為只是到奈良旅居一段時間而已。然而，事後回想起來，**十九歲所踏上的旅程實際上就是獨立自主**。此後，再也沒有搬回老家，漸漸地那裡也變得不再是我的家。

我想，那時爸爸早就了然於心，所以在我離家的前一晚，靜靜地為我唱了〈惜別的歌〉。

我試著緊抓不放，「可是，你什麼都還沒有準備好啊。」日期從星期三延到星期六，明明也沒有差多少。兒子笑著說道：「不用啦，只要有睡袋、毛巾和肥皂，人就能活下去了。」

隔天早上，兒子真的用睡袋收拾了肥皂、毛巾、牙刷，快速把T恤和褲子捲一捲，全部堆放在摩托車後面，就那麼離開家了。

到了週末，我們去看他適應得如何，他用肥皂洗頭髮、身體，和餐具，生活整理得很乾淨。當然後來還是添購了睡墊和其他家具、生活用品，但總歸來說，「簡單」就是他的生活方式。料理方面，他的手藝有一點像小酒館的廚師，所以懂得使用鑄鐵平底鍋和雪平鍋的要領，完全屬於自炊派；甚至連煮飯也不依賴電子鍋，而是直接放進鍋子裡煮。

兒子的自立生活很是新鮮趣味。

我最初的預測是——男生愈是能夠撒嬌，男性腦就愈容易踏上冒險旅程。話雖如此，我其實也偷偷想過：假如兒子盡情撒嬌到最後卻無法離開父母親的話，我可能也會因為太愛兒子而覺得無所謂；不過腦科學方面的理論畢竟還是正確的。

第二章

培養「生存能力」的方法

男性腦會把母親當作是頭腦座標軸的原點，然後從那裡開始拓展自己的世界觀。

身為原點的媽媽只要輕鬆、穩定地待在那裡就可以了，而且允許兒子撒嬌——這已經在前一章敘述過。

儘管如此，不提高兒子的「毅力」沒關係嗎？我想多少仍有這樣的疑問存在。可能有人會認為，多少要嚴格一點比較能夠把孩子教得更堅強吧。

這麼說的確沒錯。

在家無憂無慮的生活，可能會讓孩子誤以為世上的一切都是這樣；如此一來，就容易因為社會的不公平而遭受打擊。

在這一方面，我選擇不讓自己當個嚴格的家長，而是利用「奇幻冒險故事」；奇幻冒險故事會教導男孩子的頭腦認識「社會」、「不公平」、「忍耐」，同時喚起他的「使命感」。

在允許孩子撒嬌的同時，也需要巧妙地培養他自立自強生存下去的能力啊。

基於這個理由，我想在本章說明該用什麼方法為兒子的頭腦培養「生存能力」。

媽媽自己決定要不要做就好

在進入主題之前有一點提醒。

接下來的內容不只限於本章，我會分享自己對照大腦的認知構造，在兒子頭腦的各個成長階段所實踐的事情，以及其中對我兒子而言屬於成功的經驗。

然而，我本身並非教育專家，因此無法保證這些辦法對世上所有的腦部發展都有效。

關於我所建議的方法，希望你一定要試試看，至於是否要繼續執行下去，則希望由身為母親的人以心情舒暢與否去判斷和決定；只要你覺得方法有理、心情愉快，那麼就這樣做下去就可以了。

孩子的頭腦與母親的頭腦是一起連動的。尤其是三歲以前的孩子，生活當中連母親的感情都能如實地反映出來。如果母親傷心，孩子也會無條件地跟著傷心；母親覺得煩躁，孩子也會煩躁；母親心情愉快的話，孩子當然就開心。

總之，「對孩子的頭腦而言，什麼是重要的」，由做母親的來決定就好；母親如果認為是「辦不到」的事情，那麼不用做也沒關係。

男性腦的自我確立形成得較晚，進入男性荷爾蒙睪固酮分泌期的十三歲之前，男孩子都是把母親當作頭腦的「座標軸原點」來生活。

也就是說，到男孩子變聲為止，他的頭腦與媽媽的頭腦可以用一心同體來形容。與母親合不來的事物，對兒子而言肯定也是如此。媽媽可以試著傾聽自己的心情看看。

教養孩子不需要後悔

我想有些讀者應該是已經把兒子拉拔到一定程度的年齡了，可能會覺得這裡的建議「來不及了」。

但是，這沒有什麼好後悔的。比方說，愛的話語在任何時候開始都會有效果；即便是五十歲的兒子的心也能夠被觸動。在人生某個時間點所收到的愛的話語會成為一個印記，使頭腦像走馬燈般再次確認至今所得到的愛。

教養孩子本來就一定包含著愛，人類的子女若沒有愛與關懷就沒辦法養大；身為母親的你應該對這一點事實再清楚不過了。賭上自己的性命生下孩子，然後帶著疲憊不堪的身體在睡眠不足的情況下，繼續供給新生兒你的血液（母乳）。僅僅只是把新生兒扶養至可以抬頭為止的階段，就已經是了不起的成就了。

教養孩子這件事不需要後悔。

我希望，你絕對不要帶著「沒能為孩子做啊」這種心情，來閱讀接下來的內容。在育兒年齡結束的現在，只要想「哦～還有這一招呢，原來如此啊」，用這種平淡的心情看過就好。

八歲為止所獲得的能力

孩子到八歲為止都不斷在累積「生存能力」。

主導各種判斷力（運動、語言、理科能力、藝術、溝通）與創造力的小腦，到八歲為止都在準備、配置這兩大功能。

一般視八歲為小腦的發育臨界期，這個分歧點指的是「在此之前大幅地備齊各種功能，此後增加新功能就會變得困難」。

小腦是潛意識下的器官，專司空間認知力與運動掌控力。

譬如，「走路」是小腦支配下所產生的動作。我們能夠一邊平衡下半身多處的關節，使它們順暢地轉動，同時預測眼前出現的地面的傾斜度或可能的摩擦，加上參考當天穿的鞋子和襪子的狀況，最後相當輕鬆地用兩腳踩步前行。在狹窄的道路上，即使對面有人走過來，也能馬上認知到對方的步行速度及肩寬，無需停下腳步或閃開，直接傾側自己的肩膀就能錯身而過。

如果想以「大腦有意識的思考」來走路的話，就會開始計算「地面的傾斜度幾乎是零、摩擦程度普通、而腳拇指的關節要以大致二十度角加以轉動、膝蓋……」等等，最後肯定會因為大腦的演算速度追不上重力加速度的物理結果，整個人摔倒，走也走不動。

小腦負責的兩腳步行的能力，最晚到八歲為止就必須熟練，否則日後就很難學會走

路。

「說話」也是同樣的道理：使用橫隔膜把肺部裡的空氣排出，一邊震動聲帶，巧妙地協調喉壁、舌、唇的動作而發聲說話的行為，簡直就是把運動技巧發揮到極致；此外，還能進一步根據談話對象的距離，自動地調節音量。說話這件事同樣應用到空間認知力與運動掌控力，顯然就是小腦會「出力」貢獻的功能之一。

基於這個道理，**八歲也可說是大腦語言學習功能的臨界期**；孩子在八歲以前必須具備語言能力，對母語（人生第一種習得的語言）的發音有充分的體驗，而且自己懂得說。

在小腦快速發育的幼兒期，母語體驗出乎意料的重要。我們一般認為，母語是自然而然就學會的能力，可是在做母親的一有空就鑽入手機或平板螢幕裡的二十一世紀，如果不用心與孩子對話，母語體驗其實會變得意外地稀少。在一頭熱追趕外語教育之前，我希望**做媽媽的可以用情感豐富的母語，在日常生活中不斷地進行親子對話。讀繪本給孩子聽，也能使他的語言功能發展得更成熟。**

使用智慧型手機餵奶很可惜

我自己從生下兒子的那一天開始，就一直對他說個不停。「看起來快下雨了呢，因為風的味道變了喔」、「肚子餓了，來煮一碗蕎麥麵好了」……簡直就像身邊有個沉默的戀人一樣，自己不停地搭話。

尤其是哺乳的時候，一連串的話就像雨滴從天而降；因為我預想與孩子說話具有促使語言能力發展的巨大效果。

嬰兒具備一項很厲害的能力，對於眼前看到的人的表情肌肉，可以馬上讀取並植入自己的神經系統。藉此，嬰兒認知到語詞的發音動作，也就開始牙牙學語了。人類在認識語詞的「音」之前會先知道它如何「動作」。喝奶時，嬰兒本身的口角肌肉流暢地運動，此刻對嬰兒說話就容易帶動他模仿母親的發音動作，因此容易激發嬰兒開口說話。

在母語的基礎形成的兩歲以前，我希望可以給孩子豐富的體驗，感受日本語是「一連串美麗的音韻」，於是我想到了小學兒歌。例如：「菜花田裡　落日薄　放眼望　山的眉　霞已深」，我注意到歌詞裡頭有各式各樣的音韻組合；當中盡是我們對嬰兒說的日常話語裡不會出現的音韻組合：菜（nano）、眉（bata）、裡（keni）、落（iri）、日（hi）、薄（usure）。而且，除了語感的感性外，描寫的情景也很美。因此，哺乳時我會先表達自己對兒子的愛，接著唱小學兒歌給他聽。

對孩子說的話當然選擇母親喜歡的內容就好，哼唱小學兒歌對令和時代的媽媽來說可能不太合拍。

除非要成為頂尖運動選手，才有年齡限制

由於負責運動掌控力的小腦的基本功能會在八歲以前整備完畢，因此對於需要應用運動能力的體育和樂器演奏，通常在八歲以前開始會比較好。

聽說以前花柳界學習舞蹈和三味線等技能，習俗上是選在孩子六歲時的六月六日那天開始教授，從腦科學的角度來看是有道理的；頂尖的職業運動選手絕大多數都在六歲前就開始練習。

話雖如此，只要常常在山丘上跑跑跳跳，就能培養敏銳的運動細胞了。即使平時只

是讓孩子「自由玩耍」，也足夠讓他將來喜歡運動。

至於演奏樂器方面，一般都想在七歲前讓孩子有某些學習經驗。不過同樣的，希望父母親不要過於強求；過於嚴厲而導致適得其反，使孩子變得無法享受音樂，到頭來只會落得一場空。況且在學校也有音樂課啊。

理科能力也是小腦的守備範圍

事實上，小腦不止掌管運動和藝術領域，也掌握了理科的能力。

理科的能力由空間認知開始，辨別「距離」及「位置」，解讀「構造」及「數字」，最後在頭腦裡製造一個想像空間，並在當中遊戲。支持這一連串「概念遊戲」的就是小腦的空間認知力。

一般都認為理科的學生以頭腦為主勢力，身體是運動白痴，意外的是事實並非如此。

體育、運動、舞蹈都是我從學生時代就愛上的活動，在那個世界裡受人矚目的活躍選手，向來都是理工系、醫學系的學生（或畢業生）；我所敬愛的前日本國標舞冠軍的谷堂誠治先生也是理工系畢業生。事實上，這樣的例子不勝枚舉。

我看過小學低年級學生的運動神經，與日後理科成績相比較的對照報告。以前，我曾與筑波大駒場高中（每年有大批學生考上東京大學的高中）的老師對談，針對「應屆考生能考上東京大學有哪些共通點」，他提出「早睡早起吃早餐」及「運動能力」做為回應。據那位老師的說法，那些考生並非特別快速或強壯，而是熟練墊上運動或球技等活動並樂在其中，具備均衡發展的運動能力。

理科的才華與身體活動的靈敏度，都需要使用小腦。我依稀記起，從以前開始，優秀研究者都具有平衡感良好的體幹，果然理科與運動之間密不可分呀。愛因斯坦博士也是極度熱愛小提琴與鋼琴，據說他本身也會演奏。我認識兩名數學家，他們坦承「寫論文的時候會聽巴哈」。

總而言之，八歲以前小腦的發育，對於運動靈敏度、藝術美感，以及學術才能都有重要的影響；加上小腦關係到語言能力，自然會有助於母語和溝通反應的養成。這麼說來，小腦不就掌握人類所有的感知能力了嗎？

決定小腦發育的一個關鍵就是，在山野裡奔跑、在戶外遊戲；生活在大都會裡的孩子，在有高低差的立體攀爬鐵架或溜滑梯等空間自由玩樂也可以。遊戲是幼兒時期最棒的菁英教育方式。

遊戲時，若碰到年紀不同的孩子一起自由玩耍的話（看見和觸碰到運動能力不同的身體），格外會對小腦帶來刺激並促進發育成長。

我們家的孩子因為是獨生子，所以盡早把他送入幼兒園就讀也是「支援小腦發育」的一環，我個人覺得這個意圖算是成功的。

當媽媽的可以親手而無微不至地教養孩子成長，我想那是非常、非常幸運的事，然而對於家有獨生子的人來說，則希望你們一定要嘗試安排讓孩子接觸「大一點的孩子」或「小一點的孩子」，並且擁有一起自由遊戲的機會。

職業婦女的痛

把孩子送入幼兒園就讀是為了培養「小腦的英才教育」的這個想法，也被我拿來當作說服用的說辭，因為當時祖母和外祖母都因為覺得孩子可憐而不認同。假如有人因為「把幼小的孩子交給他人照顧」的心理抗拒，造成了工作或返回職場的障礙，請把我的親身經驗當作參考。

想陪在兒子身邊、必須陪在兒子身邊才行……那種想法經常令我陷入痛苦。無論在哪個時代，這無疑都是職業婦女胸口上不會消失的痛。

兒子十五歲那年，我心底深處藏著的這份傷感意外地滿溢了出來。「當時要是能多陪在你身旁就好了」，我一邊哭一邊說道，兒子接著說：「是啊，小時候總是等著媽媽回來呢」，然後溫柔地擁抱我。

兒子接著又說：「如果要重來一次，我還是覺得去上班的媽媽比較好；讓我可以感受到外面世界的氛圍，最重要的是盡力而為的媽媽很可愛喔」——我想把這句話送給全天下與我一樣惆悵的媽媽。

如果前方有應該要走的路，就毅然決然走上那條路吧。與孩子接觸、共處的時間即使減少了，還是能夠集中意識提高關係的親密度。

反過來，孩子也會意外地在很小的時候就懂得理解母親的痛苦，變成以支持者的心情來對待你。實際上，兒子曾是我最大的支持者；為我的人生帶來數不完的靈感和建議。他十三歲的時候，斥責我「沒有金錢觀」，使我領悟到商業的精髓。由此可見，我跟孩子是什麼都能討論的啊。

八歲前有多少時間「發呆」是決勝負的關鍵

回到本題上。

前面提到在戶外遊戲的重要性，但是這當然並不是認定在家裡玩玩具車或堆積木就是浪費時間。這種「室內遊戲」也是鍛鍊空間認知力的重要時間，是理解「構造」方面不可或缺的小腦練習。

然而，比戶外遊戲和室內遊戲更重要的則是——「發呆」的時間。

透過「戶外遊戲」和「室內遊戲」接收刺激的頭腦，必須將那些「輸入」（經驗值）一一咀嚼，轉換成敏銳的感知力；進一步構築自己的內在世界觀，以及提升發掘與發想的能力。

頭腦內部進行訊息整理的時候，會暫時截斷外界的一切。

這就是睡眠的真正本質；睡眠既是身體休息的時間，同時也是頭腦進化的時間，打造敏銳感知力、穩固記憶等等。準考生的媽媽應該努力的，並非決定孩子該如何讀書，而是「在握有的短時間內，該如何有效率地睡覺」。

此外，在醒著的時間裡，頭腦感到有必要時，也會同樣進入「截斷外界、執行腦部進化」的運作模式。那麼從一旁看來，就會覺得孩子看起來在「發呆」。

男孩子在小腦成長顯著的八歲以前，這種發呆時間會頻繁地發生，因為頭腦無法等到睡眠的時間。日後在理科或藝術領域展現才華的女孩，其實都出現過這個強烈的傾向。

還有，大多數的男性即使在成人之後，仍然需要這種發呆的時間。看電視出神的丈夫，**其實更大的可能是他正處於「頭腦變聰明的瞬間」**。不管年齡增長到幾歲，男子的發呆就是那個當下頭腦所需要的整頓時間，你必須任由他去。

話雖如此，就算自己事先已經知道，但在教養男孩子的過程中，真的會對發呆的情形感到驚訝；比方說，兒子正想從書包裡拿出鉛筆盒的時候，身體就那麼凍住了。假如家裡有一個快手快腳的妹妹的話，那麼哥哥看起來就更像個木偶了吧。

幼兒園的老師也眾口一致，描述同樣的情形：「要是叫小朋友去散步，即使是兩歲的女生也會快速地戴上帽子走過來。男生的話，即使六歲了，還是會有只穿了一隻運動鞋就呆住的孩子。不過有趣的是，愈是那樣的孩子愈有能力進入好學校。」

在那些身體停止動作的時間裡，他們的頭腦應該進行了活化，內在的世界觀也變得充實了吧。希望我們能夠尊重和愛惜男人發呆的時間，並且重視其重要性。

我家兒子上小學一年級的時候，某日放學回到家後這麼說道：「媽媽，今天發生了不可思議的事喔。我到學校的時候已經是第二堂課的時間了耶（笑容滿面）！」

那天早上，兒子如同往常一樣出門上學去；明明走路到校門口只要幾分鐘的距離，那麼到底是在哪裡、又是被什麼迷住了呢？另一個可能是，根本與外界發生的情況無關，而是他的內在有些東西形成了飽和狀態，促使世界觀改變了。無論是外在的刺激、還是內在的變化，只要想到他幼小的頭腦裡正在發生的進化，就使我滿懷感觸。對於兒子穿越時空一小時的集中力覺得很可愛，因為大人是絕對辦不到的呀。

如果你認同在戶外玩耍、在室內遊戲，以及放手不管經常出現的「發呆」，是培養優秀男性腦的養分，那麼就有必要給予充分的時間進行那些活動。意思就是，一天其實是意想不到地忙碌（儘管從一旁看起來只是在遊戲、發呆、不整理東西等狀態）。

我們是笨手笨腳的母子檔，沒有花時間去補習。兒子單純地把時間花在立體攀爬鐵架或者自己的「工坊」上，還有在客廳裡發呆。儘管如此，他依然照常完成了學業。

正在教養小男生的母親，對於去補習班補習這事可能會感到焦躁不安。若是母子能夠應付各種課後輔導並且樂在其中的話，當然不需要刻意禁止。可是如果你認為「有更多時間發呆比較適合孩子」，那麼就不要迷惘，去做就對了。

前面也提過，要讓幼小的孩子做什麼事，由母親決定就好。依照母性直覺所感受到的去進行，一定不會有問題。

母親的憧憬會造就兒子成為英雄

大約二十五年前，我在煩惱該讓年幼的兒子學習什麼運動的時候，正好有機會與廣島東洋鯉魚職棒隊的總教練阿南準郎先生同席。

我當場請教阿南總教練——「不知道該讓家裡的兒子學什麼運動才好，想請您建議該如何選擇」，沒想到總教練反而問起我自己本身的運動經驗。之所以這麼問的理由，阿南總教練解釋是因為「男孩子的運動能力幾乎百分百遺傳自母親」。每年在舉辦招待新人選手的家人的餐會上，全部都是母親在體育方面也很活躍的家庭。例如，腳程快的選手的母親，曾是全國高等學校綜合體育大會的田徑賽優勝者。

我自己本身跑得慢、跳不高、拿球拍打不到球，在體育方面簡直一無是處；順便一提，連唱歌都是音癡。明明畫的是魚，卻被問道：「是森林裡的動物嗎？提示是什麼？」那晚的一席話使我領悟到，我傳承給兒子的「小腦才能」只有理科的領悟力而已。

那時的我似乎已經意識到，八歲以前準備就緒的小腦，一直到八歲為止都會被具有壓倒性影響力的母親直覺，持續地引領下去。

若是如此，母親的好心情一定會令兒子的頭腦感到愉快。母親如果喜歡棒球，兒子也會認同當個「棒球少年」很開心吧。在東京巨蛋內的響亮歡呼聲中打盹的我，肯定不會生下一個會成為棒球選手的兒子。

如此一來，母親給年幼兒子的東西，依自己的心情來決定就可以了；可以先用自己的憧憬或想法毅然地推兒子一把。以我的情形來說，則是希望兒子成為「用自己的語言談論宇宙的男人」，既非職業運動選手，也不是小提琴家。

持續懷胎近十個月的母親，她的言行舉止與胎兒人生最初的重要時光緊密相連，就是在打造男性腦世界觀的基礎。母親所「感受到的事情」是不會錯的（即便「思考的事情」偶爾會出錯），因此應重視感受到的一切。

參考丈夫的意見也不錯，但是沒必要配合世上媽媽的騎乘式[1]價值觀（而且她們的出發點是好意的嗎？），而勉強追求成績。

當一個男人的母親這件事，責任重大卻又閃耀動人。對我而言，這是比開發製造任何人工智慧都更令人興奮，是值得拚上性命的唯一使命。

這樣做，不必辛苦就能培養毅力

若只憑著母親的感覺來養育兒子（第一章提到可以讓孩子盡情撒嬌），是不是會不安？堅強的毅力該在什麼情況下鍛鍊才好呢？如果沒有好好地養成毅力，不就會不諳世道了？

沒錯，畢竟世事難料，不得不小心謹慎。人生亦有黑暗面，這點仍須記住。針對這一點，我為孩子準備了許多「奇幻冒險故事」，包括豐富的書、電影、電玩等等。

「寓教於樂」之下，借助「故事」是不可或缺的技巧。故事會毫不辛苦地訓練頭腦的毅力，並且誘發使命感，不失為值得感激的工具。

基於此，撒嬌和讀書是基本的組合。尤其男孩子在九至十二歲之間，更必須讀冒險的奇幻故事。

在故事當中，我們會讀到眾多的主角遭遇到殘酷的命運，經歷各種失敗；即使輸了、被拋棄了也不輕易放棄，最後還擊成功，拯救世界，獲得了信賴、愛，及榮譽。只要讀過幾本奇幻冒險故事，就會明白世間的嚴酷現實，可以認知到「使命」與「堅忍」的尊貴。

當然，電影、電視劇、電玩當中也充滿各式各樣的奇幻冒險，我希望孩子也能享受那些娛樂；只不過，讀書是「將文字資訊轉換成影像」的作業，可以更進一步刺激頭腦的各個部位而促進成長。我想建議，**以讀書為基礎，之後才是展開影像的接觸。**

事實上，**下圍棋或下象棋也是抽象的活動，對頭腦而言，與讀奇幻冒險故事有一樣的效果。**至於迷上圍棋的孩子，也許沒有必要刻意引開其對圍棋的喜好，強迫他一定要讀故事書。話雖如此，到了某個程度，終究還是希望孩子可以跟書一起向前進，因為閱

1 騎乘式（mounting）：指總是評斷他人並且區分出高低等級，以展現出自己高人一等姿態的女性。

讀將有助於棋盤上的戰略能力。

從九歲生日到十二歲生日之間的這三年，被稱為是頭腦的黃金時期。

這是因為這段日子，頭腦的神經纖維網絡會劇烈地增加，而該網絡是「聰穎」、「運動神經敏捷」、「藝術美感、溝通技巧、策略能力等各種感知敏銳度」的源頭。頭腦利用睡眠時間，以白天清醒時所經歷的經驗為基礎，編製出神經纖維網絡。因此，人生這三年的時期重要的是「體驗」與「睡眠」。

在體驗方面，僅是日常生活的話並不會累積多少經驗值。一般而言，在日本當個小學生，大概不至於需要橫渡死亡之谷、被海賊攻擊、遇見妖精女王、或者由於搭乘日本遠洋鮪魚漁船「第五福龍丸」而遇難。然而，一旦打開奇幻冒險之門，故事裡就會充滿各種不幸與挫折，以及跨越那些困境所得到的智慧與勇氣。

換句話說，閱讀就是「帶給頭腦不同的體驗」。經常閱讀的孩子，輸入頭腦的訊息也跟著倍增。如果有了孩子，讓孩子喜歡上閱讀就是培育頭腦的關鍵基本功。

若孩子對奇幻冒險故事不感興趣，歷史故事書也是不錯的選擇。希望家長能夠引領年幼的男性腦，走入一個不同於日常生活的世界，看見「與自己年紀相仿的主角」對抗種種挫折的故事。

睡覺比讀書更重要

接下來想補充一些關於睡眠的探討。

頭腦正在發育的時候會渴求「睡眠」。孩童絕大部分的時間都在睡覺，而在十三至十五歲從兒童腦成長為大人腦的變化期，也會一直想睡覺。

孩子想睡的時候，就讓他好好睡，因為那是頭腦想做的事情。

我個人本身希望在兒子頭腦的黃金時期（九到十二歲）以閱讀和睡眠為第一優先，因此根本沒有想過報考中學的事情。如果要追加說明，我在小腦的發育時期（零到八歲）為了讓兒子以遊玩和「發呆」為優先，連小學入學考試的念頭也沒動過。兒子的中學時代，我真的讓他常常睡覺。

不過一般認為，以適當的睡眠時間來說，每個人的差異頗大；有的小學生睡滿七小時就覺得足夠，有的大人卻希望有八小時以上的睡眠時間。每個人的適當睡眠時間，必須由自己親身去找出來。

反過來，可以不睡覺而一直讀書，結果還記得住內容的也是大有人在。我認為做到「熬夜不睡地用功唷書」，其實是頭腦已經練就「保持不睡」的強韌功力。因此，不用去想「就這樣讓孩子去考試對嗎？」這樣的疑問。

然而，如果你擔心中學生兒子的成績與身高毫無長進的話，最好的辦法是徹底檢討一下睡眠是否充足。應該注意的是，晚上十點以後是否還在看手機或平板，以及睡前是否吃了甜食。電子畫面帶給眼睛強大的刺激，即使看完之後仍會短暫地使視覺神經維持在緊張的狀態，才會令人難以入睡。洗完澡後來一份冰淇淋也許會令人覺得美味可口，但是睡前若血糖值上升、促使頭腦變得興奮，結果是造成睡眠品質惡化。「早上跟殭屍一樣」，那麼應該檢視上述的兩項生活習慣，著手做進一步的改善。

兒子上了中學後，既不用功讀書，反而從傍晚開始就蒙頭大睡，真～的非常令人火大。然而只要換個角度想，頭腦在那些睡覺的時間仍繼續在進化，我們的態度應該多少就會軟化了吧。

讓兒子愛上書的好辦法

想讓九歲的兒子閱讀奇幻冒險故事，就必須在那之前引領他養成喜歡閱讀的嗜好。若硬是壓著兒子的脖子去看書，而文字根本沒有讀進腦子裡，那麼做也沒有意義。

可惜的是，踏上喜愛閱讀書本的路，並非一朝一夕就能達成。從嬰兒時期就必須開始，首先，是**讓嬰兒開始接觸繪本**。

閱讀這個行為相當麻煩又累人：一頁頁地翻書、閱讀文字、將文字符號轉換成意思後再消化吸收、在腦中創造畫面；身體和頭腦都同時被迫承受相當多的壓力。即使是喜歡讀書的人，一開始也會感到吃力，也會經過一小段痛苦的時間。不過，當我們本能地相信書籍是有趣的，接著自然會繼續閱讀下去。

為了啟動這個本能，**在人生很早的階段**，把**「讀書是有趣的」**這個觀念烙印在腦海裡，就是重要的第一步；而繪本就是執行這個烙印的角色。讓孩子認知到翻閱頁面時，超乎想像的世界就會在眼前展開，將此印象植入潛意識裡。

對嬰兒的頭腦有益的繪本，通常插畫相對單純，而且內容會含有「笑咪咪」、「撲通撲通」、「緊緊」等發音簡短好玩的詞彙。我希望親子可以愉快地翻看繪本的頁面，然後重複朗讀書裡聽起來有趣的詞，一起開懷大笑。接著從繪本慢慢往有故事性的書本前進。

享受閱讀的原點

事實上，「語言的感性」——即「語感」——是來自發音時身體的感受。讀出「緊緊」兩字的時候，喉嚨會緊縮關閉；柔軟的喉壁像被絞扭般擠壓的感受會直接傳達至小腦。小腦是將運動感覺轉換成影像的地方，意思就是，一發出「緊緊」的聲音，此動作使腦部馬上產生「絞扭的感覺」或「被人緊緊抱住的感覺」。

比方說，在繪本的某個頁面當中，母鳥擁抱幼鳥的圖畫旁邊附上了「緊緊」兩個字；當孩子自己發出「緊緊」疊字的聲音時，他的感受就如同被某人緊緊抱住了一樣。這麼一來就是在繪本的呈現上，添加更具體的臨場感；而這個正是享受閱讀書本的真正魅力，也稱為原點。

此外，嬰兒時期的孩子對於眼前的人臉部表情的肌肉變化，會完全當作是自己在發音而直接輸入神經系統，這種捕捉能力在此階段最為活躍。母親一發出「緊緊」兩字的嗓音，孩子應該會覺得彷彿正被母親緊緊擁入懷裡吧。

何況在幼兒時期，比起孩子自己的發音，他感覺母親的發音總是更加真實！

基於這個原因，**朗讀繪本給孩子聽能刺激孩子的頭腦成長，這項娛樂的效果比大人想像的要超出數百倍**。這既是享受閱讀的原點，也攸關溝通的基礎能力的培養。

請一定要試試親子共讀繪本的樂趣。

孩子八歲前，請為他朗讀

一旦過了八歲的語言功能完成期，孩子只要看見文字就可以完整地在腦中轉換成發音的身體感受。在這個階段，即使沒有大人的朗讀聲，或者自己沒有讀出聲音，孩子也已經練就單純從文字資訊就能直接創造出「真實感」的閱讀能力。

反過來說，在八歲以前的閱讀是缺少真實感的。為此，小學低年級的學生在上國語課的時候會需要朗讀；在腦科學方面，朗讀是極為重要的課程。

基於這個理由，希望在孩子自己有能力朗讀之前，家長可以讀書給孩子聽。孩子一旦成長至八歲左右，自然就不太喜歡朗讀了，而那就是「閱讀真實感知力」已經練就完成的徵兆。

我有個女性朋友在少年感化院當義工，閱讀繪本給孩子聽。

這名專攻國文的女性友人，某次受人之託，希望她在少年感化院舉辦一個「說話技巧教室」。原因是被捲入衝動犯罪事件當中的少年，他們的一般對話能力似乎都很差；無法用話語表達自己的情緒，也沒辦法推敲衡量他人的想法。就是因為無法用話語清楚表達自己的情緒，才會訴諸暴力解決。所以在回歸社會以前，感化院希望採取方法提升少年的對話能力，故邀請這位朋友協助。

話雖如此，感化院裡的少年可不好應付；他們對於這位朋友的努力毫無反應，導致「教室」不能成立。友人苦思之後，突然試著問道：「你們的媽媽曾經讀繪本給你們聽嗎？」在場的每個人都搖搖頭。據友人的描述，其中也許有虛張聲勢的孩子，但大多數都是眼神困惑，反應極為真實。

然後，友人就開始為少年「朗讀繪本」；少年似乎被第一本繪本觸動了內心深處。一名被稱為犯罪者、體型連大人都感到害怕的男生，在聽到《活了100萬次的貓》時淚流滿面。顯然人不管成長到幾歲，繪本應該都是開發頭腦的最佳工具吧。

話說，我個人著迷不已的韓劇《雖然是精神病但沒關係》裡頭有一幕，內心受到創傷的主角透過閱讀繪本，將自己從過去的詛咒束縛中釋放出來。整部戲把繪本描述成一種怪誕卻溫暖，又不可思議的存在。

即使是成年人，當感覺自己的人生開始萎縮，又沒有地方可逃的時候，打開繪本閱讀或許會是不錯的辦法。

讓兒子愛上書的好辦法——錯過時機篇

不過，現在想叫進入叛逆期的兒子坐在身邊，然後讀繪本給他聽，應該是極度困難的課題。

假如過了八歲之後，兒子真的變成了不愛閱讀的孩子，那麼大概只有一個辦法，能挽回這為時已晚的局面。那就是讓孩子見證到父母親樂於閱讀的模樣，不採取強迫的手段，而是極為自然地進行。

父母親可以在孩子視線所及的地方，利用每個閒暇的時間閱讀，還有在床頭或客廳等處擺放幾本書。

在書籍當中可以隨意插入奇幻冒險故事書，到時候就像推薦美食一樣，把那本書推薦給孩子看；如同對孩子說：「這實在非常好吃，你嘗一點看看」，介紹那本書：「超級有趣，你讀看看就知道」。

超有名的哈利波特系列絕對是首選。使我家兒子迷上閱讀的是喬納森．史特勞所寫的《巨靈三部曲》，其精彩的故事性令任何孩子，甚至連大人都深深著迷。

大多數抱怨「我家孩子都不愛看書」的家庭，通常家裡都沒有書，而且家長也不會在孩子面前閱讀。

就像音樂家家裡的孩子會自然而然地接觸到樂器、愛上音樂那般，期待孩子喜歡書也要從「能夠自然觸碰到書籍的家」開始做起。

因此，我個人對於電子書的普及抱持著懷疑的態度。在電子裝置發達的現代，大人都利用螢幕在閱讀書籍，難道我的看法不會顯得負面嗎？然而，孩子自然地遇見書，是透過實體書本身的存在；用手觸碰書的紙張，也會為幼小的頭腦帶來刺激。真實具體的書籍是不容消失的。

在非常遙遠的將來，縱使紙本書被迫消失，希望政府機關仍然能夠徹底落實引導的工作，讓民眾至少能夠特別清楚看到「圖書館」和「書籍」的標誌。

基於此，書本是給頭腦最棒的空間。對於培養閱讀嗜好起步慢了一步的孩子，父母「扮演成愛看書的女演員（男演員）」是絕對值得的。請一定要試試看。

教養孩子的畢業日

兒子十五歲生日時，我對他說道：「你的頭腦已經轉換為成人的腦型了。這麼一來，我教養孩子的任務已經結束。現在起我們就當朋友吧」；說完後又試著詢問了一下：「話說回來，你對媽媽我所做的教養，最滿意的是哪一部分呢？」

我猜想兒子反正會答得含糊不清，但意外的是他當場馬上做了回答：「啊～那應該是念書給我聽這件事吧。」

書？

我聽得目瞪口呆之際，他補充道：「對呀，你念了好多書給我聽不是嗎？例如《第五十一號聖誕老公公》之類的。」

聽到這本令人懷念的繪本書名，我也無意識地跟著微笑。「啊～真的念過呢。還有一本講的是身體縮小後去冒險的傢伙。」

「《迷你探險隊》！」兩人異口同聲地喊出書名。

這一聲喚醒了記憶：兩人在被窩裡身體靠著彼此，我念繪本給兒子聽的那些日子。

我胸口一縮，不自覺地說出口：「唉呀～好久沒念了，現在念繪本給你聽好嗎？」

「不，不用了。」兒子面無表情地回應道。這是理所當然的呀，正所謂青春期的反應，我是不會埋怨兒子的。

只不過這個時刻我突然體悟到，教養兒子這項工程真的結束了，我們家裡已經沒有需要閱讀繪本給他聽的孩子了……！其實，大約八年前開始，我就已經多少有這樣子的感受，然而一直到了這一天，事實再次向我擊來，令我不禁熱淚滿眶。

「既然你那麼想念的話，要念嗎？」兒子在意我的心情，戰戰兢兢地問道；結果我聽了放聲大哭。那一刻教養孩子的終點變成了鮮明強烈的具體感受。而且明明沒有做什麼了不起的大事，教養孩子的工作竟然就結束了。回想過去，**真希望曾有更多時間陪伴兒子啊，真希望念更多繪本給他聽啊，真希望再多給一點……。**

在養育幼小的兒子的那段日子裡，我曾經以為這樣的日常會永遠持續下去。現在則感嘆時光消逝無蹤，人生如白駒過隙。

諸位家長請務必珍惜念書給孩子聽、與孩子相依偎的時間喔。

第三章
培養「愛」的方法

日本這個國家的媽媽和孩子都很少把愛掛在嘴邊，而一來一往的對話內容只剩下命令和回嘴、抱怨和生氣的親子也不在少數。我的媽媽曾哀嘆，弟弟（媽媽的兒子）的說話方式冷淡。

孩子為什麼不會把愛說出口呢？
那當然是因為父母親也不把愛說出口的緣故。

針對這一點，我個人進行了改革。

大量地傳達那些希望在兩人之間交流的話語——我嘗試用這種方式來教育兒子。人類的頭腦與人工智慧一樣（事實則相反，人工智慧是模仿人類的頭腦），如果沒有輸入「溫柔的話語」，就沒辦法應用出來。

另外還有一個媽媽跟兒子應該採用「溫柔對話」的理由。

促使男子頭腦的「男性腦型」加速成長的，是在青春期突然增加分泌量的男性荷爾蒙睪固酮；過了十四歲之後，男性腦型以解決問題為優先的對話風格就會特別突顯。儘管在此之前，孩子是可以自然地進行具有同理心的溫柔對話。

由此看來，**男生在青春期以前，若能養成女性腦特有的同理心對話形式就沒問題了**。不僅一輩子都能當個溫柔體貼的兒子，將來與女性的溝通也不會感到辛苦。

反過來說，就是「具備安慰女人心的溫柔，同時在重要時刻也能傳達愛的話語」，而這種理想的男子世上只有媽媽有能力親手打造。不過，對做妻子的而言是太遲了（儘管事到如今已經太遲，仍然有方法可以補救。關於這些方法，請細讀已經出版的《老公使用說明書》）。

老公的本性難改，但至少不想把兒子教得跟老公一樣……雖然眾多的女性都這麼說，可是為人母的若不用溫柔的言語來對話，那麼兒子的「男性腦」終究不會懂得什麼是有同理心的對話方式。

在本章，我們將探討有哪些方法可以將兒子培育成懂得愛的男子漢。

我喜歡你．我愛你

我從兒子誕生的那一天開始，就持續不停地表達「我喜歡你呦。愛你喔」。他自然也會對我說：「我喜歡你喔，媽媽。愛你呦」；小學時期的他在道「晚安」前一定會這麼說。

有一天，我不經意地問念小學的兒子：「你總是對我說『喜歡你』、『愛你』這兩句話對吧？兩種有什麼不一樣呢？」

兒子毫不猶豫地這麼回答：「『喜歡』是現在的心情。『愛』是一直會喜歡你的約定。」

難道兒子是韓流電視劇未來的天才編劇嗎?!

兒子青春期以後，如果不問，他就不會主動對我說「喜歡你」、「愛你」這些話，但是這並沒有關係，因為這兩句話已經演變成各種型態，改以其他溫柔的話語代替。

比方說，當我撞到手感覺疼痛的時候，他一定會問「有沒有受傷？」；把疼痛的手伸出去，他也會替我揉一揉，再添一句：「要冰敷一下嗎？」

「明明沒什麼大礙，還真能說那種一眼就看穿的甜言蜜語啊。」丈夫這麼說了之後，兒子竟然回應道：「媽媽痛的地方不是手，而是心喔。」

我一直以來也是這麼疼愛兒子的——他一跌倒，就會飛奔過去把他抱起；比起腳上的疼痛，我更想舒緩他因為跌倒而受到的驚嚇。

我一直認為，**令孩子痛的不是身體，而是幼小的心靈**。這種事我根本沒有對兒子提起，他竟然懂得我的用心。

愛的儲蓄

兒子還是新生兒的時候，只要一哭，我就會飛快地奔到他的床邊。

雖然過來人媽媽都說：「冷靜下來好嗎？讓孩子稍微哭一下，才能鍛鍊肺活量哦」，可是我個人則希望能在孩子表達「不安」時，當個「立刻前往的媽媽」。因為我深信，那是親子兩人之間建立信賴關係的過程。

畢竟，讓我們試著思考一下。新生兒在不久前，仍在黑暗柔軟的母胎內溫暖舒適地安睡著；接著降臨在地球上，才不過短短幾個小時的時間。一邊是風聲、一邊是雲的遮蔭，連亮光和寬廣的空間都一定會令他感到不安。我想告訴兒子，他哭的時候，媽媽就在身邊，什麼都不需要擔心。

即使是今日，不知社會上是否還殘留著「一哭不能馬上就抱，會養成總是要人抱的習慣」這樣的教導。可是過去大家都是那麼說的。我自己則會想：太荒謬了吧？放著不管，嬰兒就愈來愈不會要人抱抱，這應該是基於沒有信賴而最後只好放棄的結果吧？

面對親愛的兒子，我無法忍受他感覺「即使哭了也沒有人會為我做些什麼」，然後做出人生第一次的放棄。所以，我總是在第一時間跑到他身邊抱起他。說起兒子，後來倒沒有養成什麼令人困擾的抱抱壞習慣。

有時候我會看到有些母親，即使嬰兒在哭也完全不在意地把視線黏在手機上，或者無動於衷地繼續推著嬰兒車往前走。可是那究竟是在訓練嬰兒的肺活量？還是在避免嬰兒養成一直需要人抱著的習慣呢？

每個人對於育兒的優先順序有不同的見解是好事，所以我覺得各種方法都不錯，然而將來若是我們受傷疼痛，孩子一定不會飛奔過來關心；溫柔體貼終究會以溫柔體貼相還。身為大人最好能夠牢記這一點。

金錢和愛非常相似。

無論哪一個，都是必須握在手裡才能用得到。

如同為孩子儲存的教育基金，愛也必須像存錢一樣持續累積。

我自己雖然在存錢方面失敗了，但是似乎在愛的基金存款上算是成功的。

今日，兒子在愛的方面可說是「大富翁」，毫不吝惜地表達愛。而且，「愛」這種貨幣似乎是會「加倍奉還」；持續地循環，永不遞減。

一開始就決定好教養方針

我生下兒子時正是三十二歲那年。

身為人工智慧的開發者一路走來經過了八年，由於這是前無先驅的領域，自然有稱我為老前輩的屬下。再說，因為我的工作是負責研究頭腦的功能性，所以對我來說，教養孩子就像是擔起「人類頭腦」養成的任務，類似主持一項新的研究計畫。

既然是研究計畫，就必須有長期目標。

如果沒有設定目標，就沒辦法評價；一旦無法評價，就會對每日細微的判斷感到迷惑，受到「他人的意見」或「世俗觀念」的動搖，結果迷失方向且充滿挫折。

儘管我是企業人才，一九九〇年代的人工智慧領域經常必須開拓新的道路，關於計畫案的長期目標有多麼重要，我本身可是銘刻在心。

其中則含有教養孩子的主題。

當我得知產下的嬰兒是個男孩的那一瞬間，有句話立刻落入我腦海裡：「媽媽也會欣賞的好男人。」

媽媽也會欣賞的好男人。

這就是我教養兒子的主標語。

如果不能成為世人眼中的「好孩子」也無所謂，但我希望兒子可以成為把一條魚漂亮吃完的男人。對考試不在行也沒有關係，但是必須培養出物理學的理解力和語言能力；至於語言能力則是指，可以將自己腦子裡浮現的影像清楚地表達出來。畢竟，我的理想是「用自己的語言談論宇宙的男人」，而這種才華只有兼備主觀與客觀均衡發展的人才辦得到。

不完美也可以，相較於成為完美的人，我更希望他在失敗中愈戰愈勇。我希望兒子可以令周圍的人「好想支持他」，成為縱使體格壯碩也具備迷人氣質的男人。

期望兒子在學習方面要用心，面對音樂或美術至少能以好玩的心情去接觸；輕鬆愉快地享受人生，當個優雅的男人。大人一下說什麼「一旦開始的事情就不要半途而廢」，一下又說「要為下一次好好練習」等，這樣在孩子屁股後面追趕絕不是上策。為他的人生塗上豐富色彩的音樂或美術，若跟「痛苦回憶」併成一組記憶的話，那可是相當令人遺憾啊。

最重要的是，讓孩子就他的需要充分地撒嬌。這個世界並不是痛苦的地方。即使有痛苦的事情，也希望孩子能夠明白那是為了榮耀快樂的事而設下的基石。來到世上，一定會遇上寒冷的風。讓這個孩子早早就到幼兒園去上課，從很小開始就接觸到世間不合理的部分。因此，希望在與我一起的時間裡，兒子至少會感到這個世界仍然是安樂溫暖的地方，我連一秒都捨不得不給他溫暖。一般人說的「管教」，也就是用「世俗的眼光」來責罵這個孩子，我是辦不到的。

以上就是在決定了育兒主標語的瞬間，我腦中自然排列出來的育兒方針。

媽媽也會欣賞的好男人

事實上，我真的照著上述的方針去做了，最後兒子也如願成為一個「媽媽也會欣賞的好男人」。

兒子在度過騎著摩托車行經數萬公里的青春時代後，從物理學研究所畢業，接著進入汽車設計公司工作。前年，為回應我的期望，兒子轉到我的公司來工作；現在則是公司裡的研發主管，商業技巧也無可挑剔。

兒子奇蹟似地娶了一個乖巧的新娘子回來，就像為我和丈夫添了一個可愛的女兒。他一宣布要與我們同住，就跟他父親兩人開始建造美麗的家，還會為我們下廚做飯。房子遇到地震搖晃時，兒子會從三樓的房間跑到我位於一樓的臥室來查看（比起地震，他那腳步聲更嚇人，直接把我嚇得跳起來〔微笑〕）。

去年，兒子買了一塊森林地，週末總是辛勤地前往，動手建造自己的住家。

上週，我去拜訪了他的森林地。八月天，我在生命力茂盛的森林裡，享讀最愛的懸疑小說最新作品。

巧的是，小說故事的舞臺也是在美國懷俄明州八月的森林裡——在綠意盎然、昆蟲拍翅聲都聽得見的大自然之中，兩具屍體被埋在那裡。而在我眼前也有一座八月的森林朝四周拓展開來。不久，兒子用炭火燒烤的牛排烤好了，他的朋友還為我送來熱壓三明治，還有比這種時光更奢侈的享受嗎？

「有什麼地方希望兒子能補足的嗎？」即使有人這麼問，我也想不出有什麼不足的。

即使這樣，健康活著就很好

不過，如果以世人的評價標準來看，我家兒子大概會是以下所描述的那種孩子吧。

早上不會敏捷地準備上學，不會做功課（連老師出了家庭作業都不知道），對讀書不感興趣，成績也不太好（我認為他的腦子不笨，可是因為老是遲到和忘記做功課而被扣分，所以並不清楚他真正的實力），競跑大致上是排名最後（有目標物的話比誰都跑得快，只是單純對跑步完全沒有熱情），不會整理房間，難以改變自己的步調，走路漫不經心。

前章也提過，他是「某日，像平常一樣上學去，卻在第二堂課才到學校」的那種小學生。

兒子上小學的時候，高年級的孩子叫他「小姆明」，低年級的孩子喊他「豆豆龍哥哥」。遠離塵世、平靜的氣質是他的註冊商標，當然不只是看起來像而已。

小學六年級的時候，絕大部分的同學都在為考試而氣氛沸騰，那時其他孩子的媽媽則有所感觸地說道：「一看到小黑川就讓人感到安心啊，覺得這樣健康活著就很好了啊。」

難以理解為何要養出菁英

我向來不責罵兒子，也不會喊著「用功讀書、用功讀書」，沒讓兒子上補習班，甚至不會事先了解入學考的情形，親子兩人對讀書這件事並不熱衷；旁邊的人常說：「如果一直那樣，到最後會變成尼特族喔。」我聽了真心回應道：「如果是尼特族，一輩子會陪在身邊，那樣應該也不錯呀。」當場令給予建言的人傻眼。

反過來，對於那些想把孩子培養成菁英的媽媽，我也完全猜不透她們的想法。假如孩子成為活躍於國際的企業家或外交官，又不會陪在我們身邊；就算成為擁有「神之手」稱號的醫師，連回到家的時間都沒有。為了放手把親愛的兒子送到遠方，所以忙碌地把孩子送到補習班……為什麼要這麼做呢？

當然，那樣的人才對世界來說是必要的。不過，用不著管到我家兒子身上吧……孩子本身假如無論如何都想成為菁英的話，自然只好如此囉。

對於用輕鬆自然的心情教養孩子的我來說，那群企圖把孩子培養成卓越人才的媽媽朋友，看了真是令人眼花撩亂。

理想的母親

我所畢業的奈良女子大學，事實上是以「賢母」輩出而獲得極高名譽的大學。在工作上，有機會與成功的企業家或文化人見面時，常常有人會這麼招呼道：「我自己、我母親都是奈良女子大學畢業的呢。」同學之中意外地也有許多人花費心思把子女培養成菁英。

我理科部的一個同學，一路享受與孩子一起同樂的時光，從不叫孩子去讀書，結果女兒畢業於英國的名門大學、進入外交部工作；兒子則是應屆考上東京大學，仍是大學生就通過了律師資格考試。這對子女都是內向、可愛又優秀的人，兩人都找到好得不能再好的匹配伴侶，愉快自在地享受著他們的人生。

這位同學與在海外發展的子女保持良好的聯繫，她自己則優游於嗜好當中，享受人生好時節。

她似乎原本就沒有打算培養菁英，孩子純粹是遇見了自己的使命，而那個使命剛好被社會稱為是菁英的職業而已；大概就是這麼一回事。

被問及什麼是理想的媽媽時，我就會想起這位同學。

單憑放鬆的方式去教育孩子、傳遞愛，就能讓孩子從容地考上名門大學，那到底是如何辦到的呢？為社會貢獻的使命感又該如何養成呢？這些好奇令我幾乎期待她會寫一本教養書。

我對於菁英或那位母親，並沒有什麼負面的想法；反而是一種憧憬，佩服她的成就。只不過，那並非適合我們母子的教養風格。

我們兩位母親對「媽媽也會欣賞的好男人」的定義各不相同。

希望每個人都能如願打造出自己理想中的兒子。
不過，唯有「愛」應該要傳達出來比較好。

身為男人，這麼做不酷

以「媽媽也會欣賞的好男人」做為主題的教養方式，還有一個好處就是，不太需要教訓兒子，因為只要一提到「身為男人這樣做很丟臉」，大抵就已經把問題解決了。

比方說，兒子邀請幼兒園的朋友到家裡來玩，大家一起遊戲的時候。一開始，身為獨子的兒子對於借出自己的玩具會感到猶豫，因為他向來不習慣讓別人觸碰自己的「世界」。

這時我就會開口說道：「身為男人，那麼做並不酷喔。」接著兒子會回應一聲：「噢，歹勢」（模仿江戶土生土長的爺爺的腔調），把玩具遞出去給朋友玩。

在玄關脫下的布鞋鞋底朝天擺著的時候、把魚吃得亂七八糟的時候，以及沒有好好向人打招呼的時候，只要祭出這一句話就解決了。

拜這句話所賜，「把〇〇做好」這種話我幾乎沒用過，就把兒子養大了。

建立人際關係靠的是話語。

若使用命令句，就會演變成支配關係，到最後，孩子如果不認同父母親的教養方式，在無止盡的反抗之後，乾脆就與父母親疏離。孩子長大之後，對他的孩子也會用命令句教訓，像是：「我早說過〇〇不要做！」

因此我盡力不要使用命令式的口氣說話。

與其說：「好好吃下去」，選擇說：「這對身體很好喔，吃吃看吧」；不說：「快點去洗澡」，而是問：「浴缸的水已經預熱好了，你先去洗好嗎？」；不說：「去做功課」，而是問問看：「功課有沒有問題呢？」

這當中的祕訣就是：**使用對同居戀人說話的口氣**。花時間努力製作的離乳副食品（蝦仁丸子），被兒子一口吐出來的時候也一樣，選擇輕聲細語地問：「不合你口味嗎？」

不過，唯有每天早晨「動作快一點」這句話，我一直是用嚴格的命令句。因為如果不這麼做，這孩子就會一輩子都上不了學了（苦笑）。

現在，關鍵時刻就要用「身為男人，這麼做不酷喔」。

稱讚兒子「很帥」，這招很好用

相反的，「去做〇〇，因為很帥啊」是相當好用的花言巧語。

明明罵的是兒子，卻喜歡搬出一堆人當靠背的父母親相當多。「會被店裡的人罵的，所以你安靜一點」、「你如果不用功，會被老師罵的呦」等等。

這麼做難道不難看嗎？

反過來使用「安靜一點，那樣才帥啊」、「用功讀書喔，那樣才酷呀」等話語，父母親看起來反而很酷、很棒；徹底保有格調，同時很莊重。

此外，只要母親判定兒子「很帥」或者「不酷」，就遠遠勝過任何其他招數了。也許比起被其他人教訓，男孩子被母親認為不酷會帶來更多打擊。畢竟無論如何，母親始終是兒子的「世界觀的座標軸原點」。即使被社會否定，也只是中了一發攻擊而已；而母親口中的否定，則足以動搖兒子的整個世界觀。

這句話在兒子幼小的時期，做父親的說不定也可以使用呢。但是，一過了青春期，如果爸爸的表現並不怎麼帥，遭到反擊的可能性會頗高。不過，做母親的不管兒子長到幾歲，都能使用這句話。

女人對深愛的男人說「～那樣才帥」，是抱著「希望你當個好男人」的心情，也就是心裡浮現了那種憧憬的緣故。

利用「拜託」培養孩子的體貼

進一步，還有拜託孩子做事的這個技巧可用。

即使面對在公園裡玩得渾然忘我，一直不肯從立體攀爬架上下來的兒子，我也不會說：「要回家了，趕快下來。」

「現在再不回家的話，媽媽就沒有時間煮咖哩了，怎麼辦？」讓孩子看見自己為難的樣子，即便是很難遵從命令口氣的孩子，大多數也會回應：「我知道了，回家吧。」偶爾，兒子在回答時會有別的提議如：「吃炒蛋拌飯就好囉。」我有時也會一邊苦笑一邊答應採用他的意見。

頭腦是互動的機器，不停地測量與他人的關係，而語言是將這種關係性扭轉、改變的工具。

受到拜託那一方的頭腦，自然會變成現場情況裡的領袖；而領袖必須自制，並且不得不為全體著想。即使是親子關係，這個效果也不會消失。此外，男性腦縱使在幼小時期，也能輕易發揮以客觀為優先的功能。

試圖平息兄弟吵架的時候，父母親會不經意地傾向於說這樣的話：「你是哥哥，應該要忍讓。」例如，想要拿哥哥的玩具的弟弟哭了，父母就要求哥哥要借出自己的玩具，因為這麼做很方便。可是，我們也可以說這麼做對哥哥不公平。即使平息了那一場爭吵，哥哥那一方卻會因此累積許多壓力，故兄弟之間的感情也很可能會進一步惡化。

然而，遇到這種情況，母親不妨試著說出心底的為難看看，「怎麼辦呢，那是哥哥很珍惜的東西，不知道弟弟能不能理解？」然後接著問：「哥哥你覺得呢？」

這時哥哥可能提出不同的意見：「○○因為還不會說話溝通，要是我在他看不到的地方玩就沒事了」、「我可以借他玩一下下啦」、「現在應該買玩具給○○了吧」。

即使哥哥沒有回答，當媽媽的也可以改口說：「一下下就好，可不可以借給弟弟玩一會兒呢？媽媽會利用這個時間好好想想有什麼轉移○○注意力的辦法。」如此一來，與哥哥一起變成不想借出玩具的共犯來暫時逃過一劫。

愈是受到依賴，男孩子就愈莊重、有智慧且堅定。

有手足時的處理方法

順道一提，同時教養一對兄弟的時候，不妨分別給每個孩子不同的任務。咖哩的味道請哥哥試吃，該買什麼花則詢問弟弟的意見。這麼做或許也是不錯的辦法，引導孩子意識到自己擅長的領域。

此外，希望你偶爾也可以跟一個孩子單獨「約會」。

想要男子熟練有同理心的對話模式，沒有一對一的進行是難以養成的。反觀女孩子的話，無論什麼人在場，即使人家叫她：「安靜不要說話」，她仍然會有自信地說出自己的心思呢；男孩子相對而言比較難這麼表現。出於這個原因，我希望你可以請丈夫或旁邊的人幫忙，嘗試製造分別與每個孩子一對一相處的時間。

尤其是對剛有弟妹出生時的長子而言（也就是獨子因為有了弟妹而開始改變的時期），即便是需要把新生兒交給丈夫照顧，都希望每週能確定保留一次長子可以獨占母親的時間。縱使只是去附近的公園走走也很棒，可是切記不是帶著新生兒一起前往，重點是與長子兩人單獨去公園玩。

老么因為哥哥都比較獨立了，大致上可以確保與母親兩人的相處時光，可是中間的老二往往容易受到忽略，應當多多給予關心。

這實在太囉唆啦！——如果有讀者這麼想的話，那麼就讓我在此教一招寶貴的祕訣：那就是**讓孩子看到，自己與他們的父親進行有同理心的對話**。讓孩子見證到，丈夫（兒子的父親）總是用溫柔與有愛的話語跟妻子對話的模樣，這樣身教就ＯＫ了。男孩子的大腦是以空間認知為優先，無論如何，一般擅長從形狀或樣子切入；一旦有了範本，就能仿效而達到良好的結果。

至於丈夫，請務必給他一本《老婆使用說明書》，讓他當兒子的學習榜樣。

丈夫頂天立地，兒子的成績就會進步

同時教養一對兄弟時，還有一個訣竅。

尊重長幼有序的排序，一切自然好辦。在兄弟齊聚一堂的情況下，就按照老大、老二、老三的順序來交代拜託的事項（不過，在此並不以誰擅長什麼領域為限，那個一開始問本人就好了）。吃飯時，也是按照這樣的順序遞出飯菜。

這本書到目前為止已經提過許多次，男性腦是以空間認知為優先，對於「距離」或「位置」非常敏銳。這樣的邏輯傾向也同樣在概念空間裡運作，對人類同伴的位置關係（排序）也持有同樣的敏感度。因此，男人會在乎頭銜，無法漠視頭銜更高位者而表達自我。在商場上，對於不在意這種排序關係的女性，許多男性都會感到有壓力。

幼小的男性腦的情況也一樣。若今天的排序跟明天的不一樣，整個人就會感到混亂、精神受挫。把兄弟一一排進長幼順序裡，會使男性腦安心；老二站在第二個位置，反而比較不會有壓力。

以姊妹的情況來說，則是自我強烈的女性腦擠在一起，誰都覺得自己最棒。基於這個理由，經常變換排序（今天姊姊最棒，明天妹妹最棒）則更自然，也會減少手足之間的壓力。

母親因為擁有的是女性腦的緣故，往往會不經意地就忽視了兒子的排序，所以最好要多多留意才是。母親一旦為孩子守住長幼有序的位置，兄弟間的爭執就會顯著地減少。

在排序的最高位君臨天下的則是兒子的父親，也就是媽媽的丈夫。父親理解老大很傑出，就會在老大面前詢問意見、在老大面前端出飯菜。

如同前面描述的，這麼做是因為男性腦的本性是跟隨榜樣而成長茁壯。孩子在世界上最先認識的男性成年人就是父親，**絕大多數的兒子自然會把爸爸當作人生最初的榜樣**

來學習。

這個榜樣（成為範本的人生目標）若受到妻子的輕視，就會造成兒子成長學習的動機大幅地下降。花十幾年上學讀書，一生努力工作，最後竟然只是達到眼前這種目的而已……兒子一想到這裡，連今天背九九乘法表的力氣都瞬間消失了（這也是意料中的結果）。

反過來，如果人生最初的女神（母親）尊重父親擔任的榜樣一角，兒子應當會想要「加油，我想到那裡去」，對吧？

基於此，如果想激勵空間認知優先型的男性腦具有學習意願的話，首先要使丈夫頂天立地。

我自己本身顯然在這方面是失敗了。對於丈夫還有兒子，我都在痛切地反省。

不完美的母親比較好

身為母親，比起當個完美的大人統率天下，更好的方式是誠實地表現出自己的不安與為難。事情不如預想的順利時，感到慌張也沒關係。

我不會做家事，經常是亂七八糟的狀態：要做飯、要洗體育服、要回家長會的電郵、不知為何找不到重要文件、稿子超過了截稿期限、灑了牛奶等等。

即使荒謬，兒子曾經也是丟三落四地過日子。那種時候他會穩重地擁抱我，然後對我說「冷靜下來」或是「沒關係、沒事的」這樣的話；如同兒子不知所措時，我對他的關懷一樣。

當時兒子之所以會對我付出滿滿的愛（即使現在也是如此），我想那是因為我事先已經教導過「這種情況下的說話方式」，以及願意依賴孩子做事的關係。

假如，老公是那種「不會留意到妻子的變化、連一句溫柔的話也不會說」的類型，那麼婆婆極可能是獨立自主型的女人吧；愈是能力強的母親，愈是會教出不知道怎麼用溫柔口氣說話的兒子。在各種辛苦努力後，到頭來竟然受到兒子冷漠的對待，你可能難以想像世上怎麼會有這麼不公平的事，可惜現實裡就是存在。

完美主義的婆婆對於媳婦只能用展現優越感，來干涉兒子的家庭。「不會說溫柔話語的丈夫」與「展現優越感的婆婆」幾乎總是形影不離的組合。

不清楚是何時的事了，某女性雜誌上刊載了「不把兒子教得跟老公一樣的教育方式」的特別報導，在網路上引起了相當大的迴響。假如你感受到來自老公與婆婆給的壓力，哪怕只有一點點，而且不想讓自己和孩子變成那樣，就應該放棄完美主義。這麼一來，萬事才能輕輕鬆鬆。

即使自己是辦事能力高超、不表現慌張情緒的母親，也可以製造尋求意見的機會——「可以幫我試試馬鈴薯燉肉的味道嗎？」、「你認為這件洋裝如何呢」等，來吸引兒子參與談話。

一旦開始為料理試味道，自然會對烹飪感到好奇；與兒子商量自己的事情，他將來長大成人以後，就容易變成會留意到戀人或妻子的服裝與髮型變化的那種男人。

心的家長

如果讓兒子一起為家裡的事出主意，還能進一步引領他成為心的家長。

「我們得去掃墓呀。可以跟我一起去嗎？」用這種方式拜託孩子一起行動。「橫拉門需要重新糊上唐紙，怎麼辦才好呢？」即使是瑣碎的小事也可以找孩子商量。兒子幼小的時候因為還沒辦法回答，所以我就像自言自語一樣說給他聽，不過我從嬰兒時期就開始這麼做了。

我家兒子由於在成長過程中被媽媽依賴或拜託，故經常會為家裡的大小事著想。

兒子小學五年級的時候，我們夫婦倆挨過一頓說教：「我們不能算是家人，如果沒辦法一起吃飯的話，我認為是不行的。」

我自己早上太忙，一直都是站著吃飯；加上丈夫很晚才回到家，三人根本無法圍著飯桌一起吃飯。於是，家裡從此立了一條新規矩：無論如何大家一定一起吃早餐。

從那天起一直到現在，為了讓家庭更幸福圓滿的提案，幾乎都是由兒子自動提出來的，並且督促大家一起實踐。家裡需要更換佛壇的時候也是如此，我們夫婦倆無法做決定而找來大學生的兒子商量，結果馬上就選出三人都一致認同的新佛壇。兒子真的讓人不得不愛啊。

這麼一想，以前的母親往往會特別看重男孩子，給予尊重和教育機會，說不定那就是「男性腦」養成的重大祕訣。

若要說得再仔細一點，就是確實有令人皺眉的男尊女卑意識存在。依地方而異，即使今日，有人依舊只把肉端給男人食用，或者新年正月的料理只會準備男人享用的部分，而讓女人吃之後的剩菜剩飯；這種習慣到了今天還是看得到。產下嬰兒的女人反而才應該攝取優質蛋白質才對，這實在太離譜了！

那種男女差別待遇應當立刻被禁止，可是既然這種行為有助於培養頭腦發展，多少保留一些「特別給男孩子的關愛」，應該不失為上策。母親對男孩子的依賴，可以從他小的時候開始就詢問他的意見，至少這一點，希望家長可以做到。

「反轉拜託」的必殺技

對於由極端獨立自主型的母親教育長大、不會說溫柔話語的丈夫，這裡想要傳授一個應對方法。

基本上，男性腦適合目標導向、解決問題型的對話模式。意思就是：可以迅速指出問題癥結點，共同朝向目標前進的那種對話方式。因此，會演變成「突然擊中弱點」的那種說話方式。

妻：「打工那裡的店長竟然對我說這種話……」

夫：「啊——店長說的話也有一些道理喔。這麼做對你也好。」

妻：「下一次要不要去這家店？」

夫：「不曉得能不能預約得到呢。」

女性屬下：「部長，我有個想法是……」

男性上司：「這個資材調度怎麼辦呢？」

女性所期待的對話應該像下面這樣展開才是：

妻：「打工那裡的店長竟然對我說這種話……」

夫：「我了解你的心情。真的會令人洩氣對吧。換成這個角度來看如何？」

妻：「下一次要不要去這家店？」

夫：「不錯耶。聽說很難預約，但還是試試看吧。」

女性屬下：「部長，我有個想法是……」

男性上司：「你注意到了一個很不錯的切入點呢。我也對這個提案有興趣。話說回來，這個資材調度方面可有什麼好主意嗎？」

前後的對話發展可說是天差地別。

然而，男性往往抱持著自己是「正確」的本意，在對話當中像前段一樣粗心地投給對方「一句殘忍的話」；「連表達同理心都不想花腦筋，直接想幫助妻子或屬下」。其實男性的話裡充滿著愛與信賴（是真的），只不過想都沒想到那些話會令女性發火。

基於這個理由，**女性應該學會的、最重要的職場態度就是：「即使突然被擊中弱點也不需要在意」**。換個角度，也可當作是成年女性應該學會的、最重要的溝通態度。

接下來，在突然被擊中弱點的時候，就使用「反轉拜託」的技巧吧。

被問及「資材調度怎麼辦呢？」，反過來依賴部長就行了——「果然是部長，已經提早考慮到那一點了。您認為該怎麼做呢？」假設部長回應「那可是你的工作吧」也沒關係，輕輕微笑用「說得沒錯」一語帶過即可。男性腦會因為受到依賴而活化，對率真的笑臉會更有好感。不管對話怎麼轉，對你都沒有損失。

假如丈夫說：「不曉得能不能預約得到」，直接這樣回應就好了：「果然是爸爸厲害，但那就是問題所在呀。你想想辦法好嘛。」就算丈夫再回說：「什麼嘛，又不是我的工作。」只要微笑點點頭交給他就好。

女性要懂得藉機製造大腦感性的傾向，在男女溝通的隔閡裡一一嚴肅地計較實在浪費時間。

從結論講起，不講「順便一提」的話

此外，關於與男性腦的說話方式，還有一個建議補充。

以目標導向、解決問題型的對話方式來說，如果在一開始不決定好目標，接下來就無法向前邁進。所以，明明女人這一邊在講「事情」和「心情」，男人卻會跳出來說：「可不可以從結論開始講起呢」、「你在說什麼？」、或是「你到底希望我做什麼呢？」這種話。

然而，這種回應其實是男人的安全對策之一。理由在於，對於「不曉得結論是什麼的談話內容」，只要持續兩分鐘之後，對方的話聽起來就會像蚊子的聲音。因為大腦判斷，再繼續這麼聽下去會消耗過多的能量，於是為了避免危險，就會在無意識的情況下中斷說話聲音的辨識功能。大腦如果事前不知道目標為何，就不會得出結論，於是下令先發出嗡嗡聲的「警告」。

男性腦並不擅長能言善道，因為過去的男人沉默寡言地到荒野或森林去，用耳朵分辨風或水的聲音，專注地不錯過野獸的痕跡，如此這般一路進化到今天。

因此，**和男性說話的時候，首先要從結論說起**；為了得出結論的對話，能讓男性可以掌握明確的目的。

譬如可以這樣開頭：「我想談談母親的新忌忌日的法事。有三個重點：決定日期、在哪裡辦、邀請什麼人來。」如果從抱怨前一次的法事開始說起，或者像流水帳一樣報告今天做了哪些事情後才切入主題，男性腦只會放空、心不在焉而已。最終落入必須不斷提醒：「你在聽嗎?!」這般的窘境。

兒子的情形也是一樣。

「我希望你一回到家後，就馬上把學校發的單子拿出來。」你應該只需要說這句話。

「怎麼沒看到校外教學的單子呢，不會是皺巴巴地壓在書包最底下吧？為了買做便當的材料，媽媽急急忙忙跑了一趟便利商店喔。去年的校外教學……」一長串不停地說完後再回到主題上，對兒子的頭腦來說，那些話早變成蚊子的聲音了。類似「嗡～嗡嗡嗡嗡，嗡～」的感覺。

由此可以理解，為何媽媽認為兒子「沒有在聽別人說話」、「注意力不集中」，而兒子則覺得媽媽「說話跳來跳去、完全聽不懂」。

為了避免母子之間出現這樣的誤解，請務必先從結論或者「談話的目的」開始進行。

面對男性下屬也是如此。「關於企畫案要怎麼改，我有話要說，重點有三個」，以這種說話方式來開頭。「你說過，長久以來一直在關注○○對吧。可是為什麼會做出這種成績呢？這裡啊～」假如從重提往事開始談話，繞一大圈才勾回主題是行不通的

只要掌握這一技巧，面對男性腦，談話就會容易許多。

像地球那麼大的愛

——像甘霖一樣，給予愛的話語。

——不使用命令句。

——依賴孩子做些事情。

——從結論開始展開對話。

仔細一想，單單善用這四項技巧，就可以一輩子在充滿愛與溫馨之中，跟兒子達成良好的對話。

沒有理由不去試看看對吧？

甘霖般的愛，事實上很快就會得到回報。

這件事發生在兒子四歲或五歲的時候，我們母子花了好幾個晚上比賽愛的大小。

「悠悠我愛媽媽這～麼多喔」，兒子在胸前張開兩手臂比畫了一下，「媽媽我有這麼愛悠悠喔」，我也把兩手伸展開來。當然，四歲的兒子不可能贏。

兒子張開著兩手臂跑動起來，努力想把「大小」變得更大；我自然也不服輸，橫向飛行，四歲大的孩子還是無法超越。

然後有那麼一天，從幼兒園回來的兒子把兩手手背緊靠在一起，接著開口對我說：

「悠悠我愛媽媽這~麼多喔。」「什麼意思呢?」詢問之後,兒子回答:「手跟手之間是地球在裡面喔。」

他好像是在幼兒園的繪本紙偶劇上,知道了地球是圓的這件事。兩手手背靠攏後,兩個手掌心向外,如此一來,掌心與掌心之間就代表地球一周的距離!在一瞬間,想贏過手中握住整個世界的他是毫無辦法的。至今,他的那雙小手依舊歷歷在目。

在那天之前,如一整個地球那麼大的愛,我一生從不曾擁有,猜想這輩子恐怕到死也不會再有了。

青春期是愛的休息時間

縱使是這麼惹人疼愛的兒子,成長至青春期,一切果然變得棘手。

在那段時期,悶悶不樂的迷霧總是漂浮在我與兒子之間。

人類的大腦在過了十二歲半開始,就會經歷一個巨大的變化。

記憶的方式會從兒童的腦型轉變為大人的腦型。

兒童頭腦裡的體驗記憶，是與五感捕捉到的全部感性資訊一起儲存起來的。比方說，想起小學時代的記憶時，甚至連氣味或味道也會一起浮現對吧？例如父親第一次買車的時候，你坐上那臺車第一次去兜風的記憶，其實也會浮現當時全新椅套的味道，還有那時嘴裡含著的糖果的滋味也會跟著想起來等等。孩童時期的記憶可以說是一種感性記憶。

不過，若是一輩子都用這種記憶方式來生活，頭腦的記憶儲存空間就會變得不勝負荷。此外，這種方式所積存的記憶塊很大，因此即時搜尋所花費的時間過長也是它的缺點。出於這個原因，人類會轉換到大人的腦型，以更加聰明的方式來儲存記憶。

大人腦型一遇到有什麼新的體驗，就會與過去類似的體驗相比較，接著以兩者的差異或位置關係來記憶該次的新體驗；這種作法只需要極少的記憶容量，而且搜尋也格外快速。即使陷入困難的情況當中，也能很快脫身而出。

然而，記憶資料庫的運作機制實在非常奇特，以至於頭腦無法在一朝一夕之間轉化完成。從十二歲半起大約需要兩年的時間，頭腦會從兒童腦型改變成大人腦型。在轉換過程中，頭腦也會變脆弱及做出錯誤的動作；總之，記憶和搜尋的運算機制都有了不同的版本。

這就是為什麼青春期的頭腦會如此不安定。

這時期的孩子無法自然地表達「自己的心情」，因此被問到心情的問題，總是最令人火大。例如，「學校如何呢？」、「為什麼不做呢」、「怎麼一回事啊？」等等。

如果想在這個時期擁有心的對話，就要談一些與孩子本身沒有關係的話題，如「你認為如何？」這種詢問意見的問題最佳，像是「你對川普總統有什麼看法？」。

加上男孩子從十四歲開始就會經歷男性荷爾蒙睪固酮的分泌風暴，因此會突然啟動「男性腦」的運作。即使之前熟悉了具同理心的對話方式，這段時期還是會變得冷漠。

睪固酮會激起男孩子自我領域的防禦意識及競爭心，因此可能會出現「不要隨便進我房間」、「不要多嘴啦」等小題大作的反應。

然而，這些大大小小的情況會一直持續到十八歲為止才告一段落。睪固酮為了促使生殖器官發育成熟，在青春期的分泌量會達到巔峰，但最終會逐漸遞減，進入穩定分泌的狀況。

就算有一陣子我兒子彷彿變了個人似的，他也一定會回家。家長不要擔心，把這種變化當作成長的一個環節來看待，在孩子身邊守護著吧。從這個角度來理解的話，連聽到「去死吧，可惡的老太婆」，可能都會覺得兒子叛逆得可愛；那種對這世上最重要的母親，拚命反擊的模樣啊……。

以我家的情形來說，我早已準備好會聽到「去死吧，可惡的老太婆」這句話（非常好奇自己如果被罵會是什麼感受呢），到頭來竟然沒有聽到任何怒罵。某次，我對著上中學很不耐煩的兒子說道：「講真的，你說可惡的老太婆讓我聽聽看。」結果他回了一句：「絕對不說，我要把它寫在作文裡。」是不是被他看破啦？

宇宙第一的愛

如今，兒子最愛的是自己的妻子。

不招搖的俊美形象也是兒子的優勢之一。像泰迪熊一樣溫和的臉，牧歌般穩重的嗓音，用類似道出「今天天氣真好呢」極為普通的口氣，把愛的話語掛在嘴邊。

有一次媳婦誠摯地說：「都是媽媽的功勞呢。」我回問她：「什麼事？」她於是把早上發生的小插曲跟我說。

兒子（她的丈夫）醒來後對她說道：「早安，沒辦法見面好孤單喔。」「你不是一直睡在我身邊嗎？」這麼回話後，兒子竟然解釋道：「閉上眼睛後不就見不到了嗎？」

剛起床的兒子，足足會有十分鐘的時間，頭腦的意識領域幾乎是處於停止的狀態。所以那些來自內心的話會很自然地脫口而出。我為此感到開心而幾乎落淚。我一直希望見到這樣的結果——兒子能夠遇見這樣一位連睡覺時間都令人覺得可惜的心上人，真是太好了。

「已經一起生活三年了，還會說那種話？果然是媽媽教育方式的功勞啊。」媳婦如此感嘆道。

沒錯，我是大功臣，這完全無庸置疑。畢竟，我曾那麼用心地把「愛的存款」投入兒子的頭腦裡呀。

前天，是他們兩人的結婚紀念日。

紀念日燭光晚餐的照片上傳到了ＩＧ，設計精緻的甜點盤上寫著媳婦送給兒子的話：「悠，一直以來謝謝你。」

媳婦本身也很出色，每天都會對丈夫表達愛與感謝；對於丈夫做的料理，每一口都稱讚好吃。對我的料理也非常喜歡。只要有她在，家裡總是吹拂著愛的微風。

不過，甜點盤上好像沒有兒子送的話呢？

一問之下，媳婦告訴了我一個特別的祕密：她在這種兩人的紀念日裡，一定會收到她丈夫親手寫的信。而且在信的最後，一定會寫上：「給宇宙第一最愛的小愛」。

哦～竟然超過曾經給媽媽的「地球那麼大的愛」～。

我想，這應該就是「萬里無雲的晴空」那種心情吧！

兒子頭腦裡的「愛的構造」是磐石。這樣就能夠讓我安心地從人生畢業了。

第四章

培養「行動力」的方法

缺乏行動力。

這可是人生最大的損失啊。

事實是，所謂「行動力」對男性和女性而言，各自會在不同的情境裡發揮出來。專司狩獵的男性腦與專司育兒的女性腦，展現奮鬥的地方大不相同。

因此，在母親想也想不到的地方，存著男子的行動力開關。母親使用的「喚醒行動力」方法，也可能意外地帶來反效果。

本章將針對這一主題來探討。

不過在那之前，我必須先來談一下吃飯這件事。

不是性格問題，是營養問題

行動力、好奇心、專注力、思考力、想像力、記憶力……這些全部只不過是頭腦內的電子訊號（神經訊號）而已。而那背後的電能來源則是「糖」，糖以血糖的形式從消化器官輸送至腦部。

神經訊號是透過長長的神經纖維（有時長達數十公分）來傳遞，途中會逐漸衰減（轉弱）。為了防止神經訊號衰減，神經纖維上附有類似「絕緣外殼」的組織；這個稱為「髓鞘」的外殼是由「膽固醇」所製造。事實上，頭腦細胞的百分之三十都是膽固醇。

此外，神經訊號全部由腦內的荷爾蒙所掌管；血清素及多巴胺兩種荷爾蒙負責支持行動力的訊號。多巴胺也會激發好奇心的訊號，而去甲腎上腺素則會中止「多餘的訊號」，使人產生專注力。

腦內荷爾蒙的材料說到底就是「維生素B群」、「來自動物性蛋白質的氨基酸」，以及「葉酸」。順道一提，維生素B1需依靠鈉才能在血液裡流動，因此我們不能漠視負責運輸養分的「礦物質」；至於減鹽（鹽巴就是鈉）也要適中就好。

你應該猜得出來我想表達的用意吧？

在細述教育方法之前，一定要明白孩子攝取了充足的營養，頭腦才能正常運作的道理。

首先，確保頭腦的能量（血糖）穩定地獲得供給。換句話說，**血糖值不能過低**。

第二，確保訊號不會無益地衰減。也就是說，**膽固醇值不能過低**。

第三，確保腦內荷爾蒙的分泌充足，意思就是**均衡攝取維生素和蛋白質兩大類**。

只要確實做到這三個條件，就算教育方式多少有點馬虎，仍然可以使兒子成長為「充滿好奇心、懷有熱情的意志力、善解人意」的男子。而那些營養一旦枯竭，就會變成「失去行動力、無精打采、脾氣暴躁」的男子。

這樣的結果絕對不是因為個性不好，其實主因是「營養」不良。

培養肉食男子

攝取膽固醇、動物性氨基酸、維生素B群，簡單來講就是攝取肉類。

這些營養素在打造強健體魄方面也被大量地使用。在長高階段（國高中生）的男孩子會特別喜歡吃肉，肯定就是因為對頭腦和身體是非常需要的食物。不過，為了攝取足夠的葉酸，還是要吃大量的蔬菜。

肉類含有許多脂肪，基本上屬於比較難消化的食物。這麼說來，如果不提高消化能力就無法充分進食。平時空腹的時候，孩子若養成了習慣吃麵包或餅乾，用那些不需要仔細咀嚼也能吃下的碳水化合物來充飢的話，身體就會把消化能力的設定調低，到了必須吃飯的時間反而吃不下。

比方說，**上補習班前想吃點東西墊墊「傍晚小餓」的感覺時，不要選擇零食類麵包，而是強烈推薦水煮蛋**。不僅對頭腦好，還能為肉食男子帶來滿足感。

草食男子指的雖然是「不會積極擄獲女子芳心的男子」，但如同字面的意思，他們大多是不會吃太多肉的男子。結伴搭乘地鐵的女大學生談笑著：「那個人看起來讓人覺得是草食系的，結果在烤肉店真的一直只吃蔬菜耶」，「貨真價實的草食系～」；雖然她們確定之後一致感到驚訝，但這件事從腦部來看的話可是理所當然的。吃蔬菜長大的男孩子，無法培養象徵男子氣概的：結實頸部、寬厚胸膛、旺盛行動力，及體貼心。

對頭腦來說，來自魚類的營養成分也不可或缺；實際上攝取豐富的肉、魚、乳製品極為重要。肉食男子的意思並不等於只吃肉的男子，而是希望大眾能夠理解這是指攝取「動物性蛋白質」系的男子。

接著，膽固醇、動物性氨基酸、維生素B群、葉酸等都是全部該均衡且豐富攝取的食物；例如雞蛋，就是被稱為「完整大腦食物」的一種。

針對培育頭腦來說，蛋是非常方便的食物；建議養成早餐加個蛋的習慣，而午餐、上補習班前、晚餐、宵夜等也一定要試試看。在身高快速成長的國高中生時期，我都想勸你讓孩子一天吃三到五顆蛋呢。

若是不喜歡吃或不吃肉和蛋的家庭，以豆腐等植物性蛋白質為主的話，仍然希望家長可以善用柴魚片或飛魚、小魚乾等熬煮的高湯，大量加入平日的家常菜裡煮給孩子吃；這些高湯都含有優質的動物性蛋白質。腦科學家當中還有人會事先熬煮好這些高湯，然後代替茶來飲用呢。涼拌豆腐上請務必淋上柴魚高湯喔。

尤其是為了結束補習後回到家的準考生，在準備填飽肚子的宵夜時，推薦試試蛋花湯。在杯子裡打顆蛋，接著注入熱騰騰的柴魚高湯或飛魚高湯，最後用鹽巴調味一下就立刻完成。最近，商店也販售附加鹽味的高湯包，烹調起來超簡單，只要煮好沸水、注入就OK了。對於在睡眠期間的記憶錨定（大腦利用睡覺時間整理記憶及固定其儲存位置）肯定有所助益。

臺灣來的某模特兒也跟我提過：「睡前喝碗蛋湯是從小就養成的習慣，奶奶為了幫助我養顏美容，讓我每晚都喝。」肚子有一點餓而睡不著的時候，媽媽也可以試試。

甜的早餐剝奪人生

接下來，家長應該注意血糖的控制。

頭腦所有的活動都是仰賴化學的電子訊號來進行，而支持這些腦神經訊號的能量就是血糖。若無法輸送糖分，頭腦就無法運轉。我希望家長能做到的一點就是，不管是空腹還是餐後，都至少能將血糖值控制在八十。若降低到四十，頭腦就會停止活動，意識陷入混亂。

血糖值降低到七十的話，思考就會開始停滯；一旦降低到六十，「整個人有氣無力，什麼都覺得煩」。如果再進一步下降，身體就會判斷這是危險狀態，必須連續分泌提高血糖值的荷爾蒙。以腎上腺素為首的血糖提升荷爾蒙，會有「情緒敏感尖銳」的強烈傾向，故容易造成脾氣暴躁。

低血糖的孩子則會變得不關心周遭任何事物，旁人以為他看起來懶散，他卻又會突然發怒。

那麼你可知道，這種難搞的低血糖狀況，事實上是由「空腹吃甜食」所引起的嗎？

空腹時突然馬上吃下糖類食物，血糖值會往上飆高。而為了降下飆高的血糖值，胰島素就會分泌過剩，導致血糖又一口氣急速下降；想不到「空腹時吃甜食」會造成低血糖的狀況吧。

如此反覆的結果就會引發低血糖症，用完餐後馬上覺得精神飽滿，可是不久血糖就會下降至接近意識混亂的地步。最後連產生行動力、好奇心、專注力的餘力都沒有；也有營養學專家提出警告：**拒絕上學的孩子大多數都患有低血糖症**。

相較之下，早餐是一個人在最飢餓狀態下攝取的一餐，因此希望能比其他兩餐更加用心準備。

造成血糖值飆高的不外乎白色鬆軟的麵包、糖果、甜的水果等等。橘子汁搭配美式鬆餅或紅豆麵包當早餐，很快就會令孩子陷入低血糖的狀況。

吃錯早餐的話，對中午前的課一點幫助都沒有。只有糖分的甜味早餐，將使人生每況愈下。當然根據體質的不同，我想有些孩子相對不受甜味早餐的影響，但是「甜味早餐」＋「成績沒進步」＋「容易暴躁」等症狀若一起出現的話，就應該試著改善早餐的食物。

早餐以沙拉或蔬菜味噌湯、蛋白質（雞蛋、火腿、烤魚、納豆等），加上米飯或麵包等，含豐富營養質的食材最為理想。沒有時間的時候，至少為孩子做個雞蛋拌飯。

若考慮到成長期男孩子的體格（五十公分的嬰兒可是會長高到一八〇公分的喔！），其實真的還有更多、更多內容可以分享，多得幾乎想另外出版一本書專門談吃飯，可惜我沒有能力撰寫那樣的內容。

假如你想了解更多有關男孩子的飲食的詳細內容，推薦你一定要閱讀《幫助國高中生長高的七大習慣》（主婦之友社）。

利用青春期安穩的睡眠來打造「身高」和「男人味」

談到大腦與身體的健康，除了營養的吸收之外，還有不得不注意的細節。那就是半夜滑手機或平板，所帶給視網膜的光線刺激，將會阻礙成長激素及生殖荷爾蒙的正常分泌。

這些荷爾蒙並非只會在半夜分泌，然而控制荷爾蒙的中樞司令臺——腦下垂體與視神經直接連結，並且依照「夜晚的暗」或「早晨日光」等光線的強弱進行調整以維持平衡，因此螢幕的亮光將帶來很大的影響。

「身高」和「男人味」是由青春期安穩的睡眠打造而成，到了午夜十二點這個時間，就希望不要再滑手機或玩電玩了。

順道一提，男孩子的發育比女孩子略晚一點，大約十四歲左右將是身高成長最多的時候。男孩子的身高從一六〇公分的基礎拉升至一八〇公分的機會，人生裡僅有一兩年的時間而已。男人味也是在這同一時期開始發展，隨著睪固酮分泌量的增加，使生殖器官逐漸發育成熟，有魅力的嗓音、結實的頸部、寬厚的胸膛、競爭心、冒險心等都會在這時候日漸成形。如此關鍵的時期，卻也是正值「電腦遊戲及SNS社群網站好玩得讓人無法釋手的年代」。

如果讓玩心的欲望如脫韁野馬行動，長大成人以後會後悔莫及。這可是不容孩子撒嬌的情況啊。

我曾受邀為中學生演講，談論大腦養成的相關資訊。

當我在講述「早睡早起吃早餐」對頭腦有多麼重要時，女孩子都會認真地聽，而通常男孩子就會呈現發呆的模樣，我知道他們的腦子很明顯地正在想其他事情。

不過，當我提到「早睡男孩」與「熬夜男孩」的身高相差大約七公分的瞬間，那些男孩子也會全部驚呼「糟了」、「慘了」，然後轉過來看我演講。

男孩子也一樣，比起一七三公分，更希望擁有一八〇公分高的身材；比起說一萬遍「早點去睡覺」，把上面這段話說給孩子聽會更有效。

那麼，接下來讓我們把話題轉回到提升「行動力」上。

誰都會經歷叛逆期

剛出生的嬰兒會受到母親臉部的表情肌肉和行為所牽動，並與母親的情緒產生共鳴，依照這些感受在生活。

母親這邊也一樣，腦內的界線已經崩壞。出生一個月大的兒子被蚊子叮的時候，我「實際上」會覺得癢，皮膚真的有癢的具體感受。雖然不能準確說出是在身體的哪個部位，卻令人不得不去抓癢。無計可施之下，我試著輕柔地搓一搓兒子身上紅色的叮包，結果令我馬上覺得舒服多了。

那時所感受到的不可思議，至今仍教我忘不了。我認為在那個時期，母子倆的意識領域相融合，簡直就像成為了一體。

那種一體感會慢慢變淡，最終孩子「用自己的意志開始建立與世界的關係」的那個瞬間將會到來，然後躍入叛逆期。

從面紙盒裡不停抽出面紙，戳破紙拉門，把撿到的石頭放進嘴裡，把小手泡入醬油碟裡、然後在白色襯衫上印出自己的手印。

跟孩子說不行，他仍然笑嘻嘻地繼續重複動作，用「不要」來反抗「快做這個」。在平時，會卯足全力不按你預想的方式行動，一直逼到母親快要驚慌失措了才肯罷休；實際上，有時候真的惹得做母親的情緒火山爆發。

在新幹線上有個幼兒一直重複丟玩具教家長撿起來的動作，家長撿起玩具一交到幼兒手裡，馬上又被扔了出去；那個孩子簡直就像利用丟飛盤來自娛的狗主人。我真心覺得那位母親實在很努力啊，換作是我，可能沒辦法那樣遷就孩子。

歡迎來到地球

不過，兒子兩次打翻牛奶杯的時候，我並沒有生氣。

牛奶杯被打翻了，擴散成一灘白色的小池塘，我急忙擦拭之後，又倒了一次牛奶，然後兒子再度打翻。

啊，我才想通這是怎麼回事。對剛來到地球上沒多久的他而言，「桌上擴散開來的白色碎形曲線」對大腦來說是第一次見到的造型，可以想見那是多麼精彩奪目的體驗啊。

假如我自己是在無地心引力環境下長大的人類，那麼降落在地球後，第一次看見桌子上擴散開來的白色模樣時，肯定也會覺得精彩奪目吧。

沒錯，這裡正好就是第一次發生的現場。孩子，歡迎來到地球！

過去，我們稱孩童這樣的情形為「第一個叛逆期」。

我個人非常討厭叛逆期這個詞，理由是因為**叛逆其實是一個巨大的實驗**。頭腦藉著本能覺知到某種互動作用的存在，認識到自己所做的事竟然會給周遭環境帶來某種影響；靜態物品的形狀會改變或者物品會移動等等，而人或動物的話，則會顯示某些回應。頭腦根據那些互動作用，來認識周圍是什麼樣的環境，這就是所謂頭腦的互動性質。

比方說，在密閉空間用喉嚨發出聲音，那個嗓音會經由牆壁反彈回來，我們利用那迴響的音質來辨別該空間的大小，以及自己所站的位置。一旦改變聲音的大小或面對的方向，迴響的音質也會跟著改變。我們不斷地累積經驗，頭腦也跟著逐漸建構一套系統，懂得如何調整自己出的力道（聲音）以及解析輸入值（迴響聲）。

腦的壯大實驗

自己出了力，周圍（東西或人）就會有所反應，於是頭腦就捕捉到新的訊息輸入。

大約是孩子兩到四歲的時期，他會不斷累積類似的體驗，同時調整身體上各個感應天線。相較於被動型的嬰兒，這時期的孩子屬於主動型（自己會積極地採取行動），會持續建構自己與周圍環境的關係。

到最後，當媽媽的會覺得很煩；在第一個叛逆期，孩子不斷重複你不想讓他做的事情，事實上是頭腦的「實驗期」。

確認牛奶的碎形曲線、玩具的拋體運動而感到開心的幼兒，他腦中的重複運轉，與物理學家重複操作實驗沒有兩樣；這就是好奇心、實驗與確認結果的永久循環。

如果你阻止孩子做那些實驗，導致他的好奇心萎縮，將來才叫孩子要專心讀書，這樣做不是很沒道理嗎？

如果你期待將來看到孩子變成學霸，那麼就好好守護眼前重大的地球實驗吧。

一個人不可能一直打翻牛奶到成人階段（我家兒子結果只打翻了兩次），抽面紙也一樣，我想到第三盒就會膩了。

以我家為例，面紙這件事就屬兩個奶奶最寬宏大量了。我正打算拿走面紙盒的時候，她們都馬上說「讓他玩啦」，然後撿起面紙裝進大的塑膠袋裡，暫且就從袋子裡拿出來用。娘家的媽媽還覺得我兒子抽取面紙的模樣很可愛，結果兒子就那麼接受她熱烈的喝采。

孩子在兩歲的實驗期裡翻湧而上的好奇心和實驗欲望，身為家長的應該帶著贊同的心情來度過這個階段。

我認為，這就是培養孩子「行動力」的第一步；在孩子的大腦裡烙印這樣的觀念：你可以保持好奇心和採取行動喔。

喜歡問問題

孩子長到四歲時，就會追著你不停地問：「這是什麼？」、「為什麼？」；這是接在實驗期後出現的「提問期」。

我在新宿車站等待小田急浪漫特快火車，駛入月臺的紅色復古列車令一名四、五歲大的小女生很驚訝，她向自己的母親問道：「為什麼是紅色的呢？」那母親盯著手機螢幕入迷，完全無視於這個問題，小女生還是不放棄，「哪～哪～為什麼是紅的？」詢問的聲音愈來愈大。那母親受不了，「那跟你一點關係都沒有！」狠狠地斥喝道。之後那小女生再也沒有發出聲音，一直保持沉默，但是她用那雙明亮的眼睛凝視著浪漫特快車。

加油啊，你的提問力！

我在心中如此為那小女生鼓舞。在場的我當然可以代為回答那個提問，不過雞婆多嘴的話，事後小女生如果被母親罵一頓，她不就太可憐了？於是我沒有插手。今晚問爸爸也許就會知道了吧——小孩子的頭腦裡多少有這樣的堅持力吧。

話說回來，我認為小孩偶爾有這樣的經驗也是好事。尤其是女孩子，連這種時候都不輕易放棄；「那跟你一點關係都沒有！」我自己倒是能接受這個回答。怎麼說呢？溝通能力強又有力的女性腦，如果不這麼說是不會懂得放手的。若事實真是如此，那種說話方式的確也是可行的吧……我想。

儘管這麼說，面對孩子在這個時期所做的提問，我終究還是希望能盡一切所能努力回答。特別是對「表達自我」感到困難的男性腦，好不容易經過一番苦思終於組織出來的問題，若遭到拒絕的話，帶給男孩子的打擊會相當大。

即使沒有答案也沒關係，希望你還是能給孩子一個回應；希望你接受孩子的問題，對孩子提出的疑問表示共鳴。至少可以陪著孩子一起猜想：「對啊，為什麼是紅色的呢？」

孩子提出的問題，許多都是無法馬上就能回答出來的。

「天空為什麼是藍的呢？」、「彩虹為什麼有七種顏色呢？」如果是這類型的問題，也許谷歌先生總會有辦法找到答案，可是至於「人為什麼會死？」、「生命是從哪裡來的呢？」等大哉問，幾乎沒有父母可以用一句話就能回答清楚。

那種時候不要選擇忽視，不管怎樣都要表現出開心接受問題的樣子。「哇，好棒的問題呢。連媽媽我都不知道該怎麼回答。有一天，等你找到答案的時候，記得告訴我哦。」

只要先知道這種回應方式，面對孩子的提問進攻就不會感到鬱悶了。

你怎麼想呢？

只要有時間，問看看孩子：「你怎麼想呢？」也是很有趣的事。

我家兒子一邊看著繪本裡的彩虹一邊詢問：「彩虹為什麼有七種顏色呢？」這種時候我會回問他：「你怎麼想呢？」

這麼說完，他就會咧開嘴笑著說道：「我想啊，因為天上的神有七種看世界的方式。」

彩虹是一層層的水蒸氣扮演三稜鏡的作用，折射分解陽光後呈現出來的天體表演。光帶因爲是無縫的漸層色彩變化，因此大腦如果對顏色感知的精準度較粗略，可以分辨出五種顏色；若顏色感知更加敏銳，就可以分辨出八種顏色。基於此，自古以來不同民族所看到的彩虹顏色也不一樣多，不過七種顏色是世界的主流知識。

絕大多數的人之所以會看見七色彩虹，是因為那是腦的特性；頭腦裡面有一個「方便瞬間辨識的超短期記憶空間」，而擁有七個超短期記憶空間的人占絕大多數。

人類頭腦的構造是為了透過「七種屬性」來看待世間所設計，所以我們看見的彩虹有七種顏色；這是了解頭腦認知構造的人所給的答案。

聖經上有篇名為「智慧七柱」的箴言，是舊約聖經箴言第九章的開頭，欽定版聖經英譯本當中，有一部分描述道：**"Wisdom hath builded her house, she hath hewn out her seven pillars"**——被翻譯成「智慧建造房屋，鑿成七根柱子」。這句話為腦科學及認知心理學的學生帶來強大的衝擊，因為它精準地指出頭腦所具備的「認知用七大架構」。

然後，我這做大腦研究的母親，就隨意地把那句話告訴了讀幼兒園的兒子。

頭腦具有「七大認知機制」這件事，古代的人也明白，眼前的兒子也感受得到。

頭腦真是一個充滿奇蹟的空間啊，我深切地想著。

養育孩子也是意義深遠又有趣。

等待與孩子心靈相通

孩子的提問有時會引領我們看見奇蹟。

請你一定要體會看看「你怎麼想呢？」所帶來的樂趣。

不過，孩子給你的一百個回答裡面會有九十九個是無趣的（「斑馬為什麼有斑紋呢？」「你怎麼想呢？」「因為牠喜歡斑紋呀～」）。奇蹟不會在這樣的對話裡降臨，所以請不要抱過多期待。

雖然如此，不管聽到什麼樣的答案都不要覺得愚蠢，好好接受孩子真心的回答（「確實沒錯，母斑馬都喜歡斑紋，也許斑紋好看的公斑馬很受歡迎呢。然後，母斑馬會生下斑紋好看的孩子。這是進化的命運喲。不過，到底為什麼母斑馬會喜歡斑紋呢？」「因為很帥氣～」「所以啊，為什麼會覺得帥氣呢？」「因爲是斑紋呀～」）。

即使得不出結論、一直繞圈圈，也可以引導孩子的好奇心；重複觀察和檢視的活動，對孩子的大腦來說，也是養成策略思考的機會之一。引導好奇心、感受問答的樂趣，終歸是提升理解力的根本。

一般也有稱為培育腦力的幼兒教育，在頭腦尚未感知到好奇心之前，就連續給予不同物品來刺激幼兒的頭腦，我個人對此難以贊同。雖然那些物品設計製作得相當好，但是從生活周圍隨意看見的風景當中，「讓孩子的頭腦親自驚奇地察覺、注視事物，然後提出問題」，終究才是最棒的經驗。長大成人後若計畫開創自己的事業，如果沒有「察覺力」，什麼也沒辦法起步；而思考力是察覺之後才需要的工具。

耐心等待與孩子心靈相通的日子到來。

這就是我家的教育方針。

為了不在小學教室裡覺得無聊

兒子到了上小學的時候，我幾乎沒有教他數字和國字就送他入學了。

原因是如果事先已經知道小學要學習的內容，這麼一來，孩子在教室裡會覺得無聊吧？學校並不是再次確認已經懂得的知識，或者去炫耀比別人早學會的知識的那種地方。

我父親也說過同樣的事，我連自己的名字都還不會寫就上小學了。不過幸虧如此，到今天我都還會背國語課本開頭的前幾頁呢（也許）。課本的頁面中央有一幅插圖，圖中的女孩子舉起手、張開口，右上角寫著「春美同學」，左下角寫著「有」。老師在課堂上為學生朗讀這段對話時，我入迷地聽著。

「春美」（ha-ru-mi）與「有」（ha-i）的第一個音是相同的，而且可以使用「ha」這個記號進行一元化，這個發現令我感到無比興奮。在算術課，鬱金香花和糖果只要用數字代表，就可以進行加減也讓我雀躍不已。

假如在更早的時期，父母親就教我把文字和數字當作「記號」背起來的話，我想小一的我肯定不可能體驗到那時的感動。

我們所觀察到的森羅萬象，含有一個法則：可以借用文字或數字來描述。那當中所含的趣味，對我來說正是學問的精髓，最後引領我變成物理系的學生。使我想要沉浸在極度抽象的學問世界，找到單一的公式來表述世界的一切。

數字的調性

我自己因為很感激小時候的經驗，於是也讓兒子走同樣的路。

報名先修班？根本就是荒謬。

小學一年級的班導師某日說了這樣的話：「我說，算術時間結束時，如果解出了這道計算題就可以休息喔，說完後，其他孩子全都急急忙忙做完跑到校園去。只有黑川同學好像樂在其中似的，一點一點慢慢地解答；還一邊自言自語地說——啊～到這裡啦。休息時間結束後，下一堂課剛開始時，他大喊一聲：『上廁所！』就奔出教室去了。」

我聽了不禁噗嗤一笑。班導師也笑著說道：「我想跟您商量看看，是應該催促他，還是讓他照自己的速度做呢？」我覺得這真是一位好老師呢。當然，我最後拜託班導師「讓孩子按自己的速度來學習」。

有一天，兒子一邊竊笑一邊回到家。「媽媽，你知道七加八等於十五嗎？」

兒子一邊問還一邊咯咯笑，跟著笑起來的我回答道：「當然知道喔，大概從三十一年前就知道囉。那個為什麼這麼好笑呢？」

「就是啊，媽媽，七和八不都是滿奇特的數字嘛，而且奇怪的地方也不一樣。但是加在一起就會剛剛好變成漂亮整數十五耶（大笑）。」

兒子似乎是用手指頭來計算加法，兩根指頭加三根指頭，零散不相關的指頭數合在一起，就會等於一隻手掌所有的手指頭，他似乎覺得這個發現有趣極了。

就是這個呀——我思忖道，這就是兒子遇見「數字」的時刻啊。

步伐雖然緩慢，就算中學考試、大學考試完全跟不上速度也沒關係，即使不是應屆考上大學都沒事。

今日的情況可能與五十四年前的小學、或是二十三年前的小學不一樣，每個孩子在就學前理所當然都已學會數字和國字。而如果現在的小學老師，把這種情況作為首要前提來授課的話，那真可惜，而且也不可能沿襲我們過去的做法；如果現實是如此，就不要勉強行事。

不過，我希望你能記住世上也有這種不一樣的觀點；就當作是先為自己打預防針，**明白你可以用一直以來的輕鬆態度走下去也沒問題。**

發現浮力

雖然我家兒子的學校成績平平，但他在小學二年級的時候發現了浮力。

某天，從浴室傳來「媽媽、媽媽」的喊叫聲。在水裡怎麼了……?!一想到這裡，我趕緊跑過去，結果兒子抬頭看著我的臉興奮地說：「媽媽，我剛剛放屁了。然後有泡泡浮出來喔～」

「是喔，原來如此啊。」對於世界上誰都知道的發現，我淡淡地回應了一聲。接下來兒子又說：「泡泡是因為有浮力才會這樣，可是水也有同樣的力量把泡泡擠出來呦。」

這也是世界上誰都知道的道理——浮力來自阿基米德原理，可是靠自己發現這項科學事實的小學生，我可是第一次見到。「沒錯，你如果出生在兩千五百年前，可能就在世上名垂青史也說不定。留下的不是阿基米德，而是你的名字。」

另一天，兒子又在浴室裡發現了表面張力。

「媽媽，浴缸裡的熱水黏黏的。」他這麼對我說，令我嚇了一跳，難道是因為洗得不乾淨嗎?兒子繼續說道:「像這樣把手掌往上提的話,水會一起黏上來喔。」他示範給我看自己的手掌緊貼著熱水的表面,再以水平方式往上提的動作。

「這水啊,是不是有一種力量想要變成一塊呀……」兒子猜想道。

「啊——,被你看穿了呢。真的就是那樣喔,水有個特質就是想要變成一整塊。你發現的現象稱為表面張力。把水倒進杯子,一直倒滿至邊緣的時候,不是會有稍微凸出的地方嗎?跟那個是一樣的。」

「啊——,就是媽媽最喜歡的啤酒。」

嗯~泡泡是界面活性這件事,倒是另外一個不同的話題。由於我沒辦法說明清楚,所以只好應聲「對啊」,暫且那麼混了過去。表面張力與界面活性的關係,早晚有一天他自己會在某個教室裡認識到。

我會用這種對話方式,單單與他分享有趣的部分而已。學校會毫不遺漏地教導兒子接觸豐富的知識,為此,我真心對學校充滿感激。

為什麼要上學？

前面已經提過，男性腦的使用方式是以目標導向、解決問題為優先。

在瞬間可以看遠，勇於鎖定目標。

這種在物理空間運作的習慣，到了思考空間也不會改變。對話時，一開始就會想要知道「談話的最終目標」，即結論或目的。若不清楚目標的話，思考就會變得散漫，對方說的話聽起來會像蚊子的嗡嗡聲。

對於明白這個大腦習慣的我而言，在兒子進入小學就讀的時候，看到那小小的「男性腦」上戴著一頂黃色帽子，我心想：有必要讓他知道現在開始的學校生活到底有什麼目標。

我這樣告訴兒子（事實上，當時說的話更加亂無章法，只是概括起來大致是這種感覺）：

「現在起，你會開始學習許多科目。算術（這最終會變成數學課）、國語、理科、社會……全部都是為了讓你學習看世界的方式。學校會教你好幾種方法。最後，一個人會透過其中的一、兩種方式來看這個世界、活這一生。有人會選擇數學，當然也有人會選擇音樂。不過，一個人小的時候，我們很難知道哪一種對他比較合適，所以學校才會全部都教，讓你懂得好幾種觀察人事物的方式。讀書就是為了達到這個目的。」

為了獲得觀察事物的方式而學習。

事前一旦這麼決定之後，面對再棘手的科目也沒辦法漠視，因為在那當中，存在著一個自己尚未擁有的「新的觀察方式」。孩子面對的挫折也是愈多愈好，使觀察方式不斷地加深。此外，孩子根本不會有「為什麼一定要學出了社會一點都用不到的微積分呢」這種問題。

如果以這個目標為核心，任何「不擅長」和「挫折」都會導向正向思考，消除困惑；使學習這件事變得輕鬆且用途廣泛。

當然，各個家庭設定自己的目標也很好。「獲得好成績（盡全力當第一名）、考上好大學」、「當醫生」這種單純的目標當然也是可行的，前提是對親子來說都是開心的事就沒問題了。

男性腦一旦立定志向，生活就會輕鬆

任何情況下，男孩子都有目標設定或者學習的模範（理想人物）。以前的小學校園裡豎立著二宮金次郎[1]雕像，背後就是這個理由；另外，偶爾在街角會出現英雄的銅像也是同樣的道理。畢竟「成為那種傑出人才」這類想法，也是使男性腦覺得安心的一種目標設定。

世界上大多數的國家把「保家衛國」這種民族主義，設定為男性腦「培育」的目標；實施徵兵制的國家更是明顯如此。在相信「世上沒有戰爭」的和平國家，男性腦因為缺乏明確的目標，每個人就必須靠自我意識來決定。

1　二宮金次郎：日本江戶時代後期的人物，提倡「報德思想」，是推動農業復興政策的農政家、思想家，為後人眼中「好學兒童」的典範。

順道一提，女性腦會天真地享受過程；藉由百分百投入現在眼前的事物，如「考試」、「校外教學」、「運動會」等來度過時光。僅僅是想見到喜歡的男生這種動機，就足以讓女孩子天天上學去。因此當媽媽的很可能一不小心，就忘記要給兒子看到「長遠的目標」；在此提醒諸位媽媽，請務必保持警覺才行。

為什麼呢？因為男性腦看到的目標愈是高遠，現在就會活得愈輕鬆。

「成為跟大谷翔平一樣頂尖的棒球選手」，一旦擁有這種高遠的目標（志向），今天一千次的打擊練習就能忍耐地練下去。

為什麼要設定遠程目標？

這件事發生在兒子學習九九乘法表的時候。

在可以流利地背誦二的倍數後，我興高采烈地對著鬆了口氣的兒子說：「那接下來練三的倍數哦。」結果兒子失望地陷入悶悶不樂。「誒，這裡不是目標嗎？」整個人垂頭喪氣。

看吧，這就是所謂的男性腦啊。發現自己以為的目的地竟然不是目的地的時候，動力就會急速下降。

如果目標很近，每次跨越後，動力也會跟著減少；因此，不得不為兒子設定長遠的目標。

反觀女孩子，情況就會比較像是：摘完玫瑰花後，發現原來還有鬱金香；以不斷經驗「現在」的模式向前進。

女孩子背完二的倍數受到誇獎之後，她的反應大概類似這樣：「誒，還有三的倍數耶？衝吧～」。而且在背完九的倍數後，即使告訴她其實後面還有十的倍數，她也不會太驚訝。

當我們形容女性可以堅強面對不確定的事態，說的正是這個意思。阪神淡路大地震及東日本大地震兩次事件發生時也是如此，報導指出：「在災難當天精力充沛地採取行動的都是女性為主」，縱使街巷已毀壞，「不管怎樣，今天還是要吃晚餐」——從這裡重新站起來，就是女性腦令人敬佩的地方。

男性腦一旦失去大局，就會墜入黑暗；有的人連活的力氣都會喪失。那種時刻，身旁有個打算生火煮水的女人很重要，她可以催促男人抬起洩氣的屁股「取些柴火來」。

我們不能忽略男人「因失去大局所受到的震驚」，尤其是身為男子的媽媽。

基於這個理由，我不能忽視兒子「因為二的倍數不是最終目標所受到的震驚」。

「與其說還有三的倍數，正確的說法是，到九的倍數都有喔」，一說完，兒子的表情就像是沉入絕望的深淵似的。我一邊看著那張臉龐一邊想通了：趁這時機，把兒子在算術（數學）方面的目標設得更遠吧。

「怎麼這種表情呢？未來還很長喔。乘法學完後，接下來還要學習除法。然後再來是分數、負數、因數分解、向量、微積分等等，如果你考上理科大學研究所的話，總共有十七年的時間會一直跟算術（屆時就是數學了）相處在一起。要是不進入研究所念書，就不可能了解宇宙的。」

在二的倍數那裡陷入失望的兒子聽了之後，可能覺得從「分數」到「微積分」全都是晦澀難懂的話，但是似乎理解了「九九乘法不過是遙遠路上極微小的一步而已」。

絕望從他臉上消去，變成了希望。從此以後，做數學的時候，再也沒有聽過他說「還要做喔」、「為什麼要做」這樣的話。隨著歲月默默逝去，兒子一路讀到物理學研究所畢業，成為有能力用自己的語言談論宇宙的人才。

並非缺乏動力，而是目標設得太近

在教養兒子方面，設定長遠的目標真的是關鍵。如果不這麼做，每天你都必須一一地鼓舞孩子的「動力」，而孩子相對也會覺得厭倦，做父母的最後會疲憊不堪。

比方說，「誒，還有三的倍數喔？」對這種事感到絕望的男孩，如果你還跟他說：「不要抱怨，趕快背！」隨著背誦的數字愈來愈大，他的動機也會愈來愈減弱，到時候做母親的就只好打孩子屁股了。

目睹這種情況的母親於是斷定「兒子缺乏動力」，可是原因並非缺乏動力，反而是因為目標設得太近了。一旦目標設得太近，達到最終目標之前就必須設定好幾千個小目標；這會令男性腦感到疲憊。

對於偏好目標近一點、小一點才會覺得輕鬆的女性腦來說，這個邏輯可能有點難懂（如果有人說要花十七年學數學，女性應該今天就會想要放棄吧），但是對男性腦來說，目標設定是令人瘋狂專注、發揮力量的物品（ITEM）。假設那是「猜拳遊戲要贏」那麼小的目標也一樣。

基於上述理由，建議最好讓兒子擁有遠程目標吧。

母親的憧憬是動力的來源

況且，在設定目標時如果加上「媽媽的憧憬」，效果會更加顯著。

女性腦把同理心（關注自己的情緒並貼近周圍的情感氛圍）放在比任何東西都優先的位置。

女性經常會考慮到自己與重要的人的愉悅感，自己想吃美食，也想讓對方吃到美食；自己想感到開心，也想讓別人感到開心；自己想看美麗的東西，也想讓別人看美麗的東西。

也可以說女性是用「前方的愉快」來轉動自己的人生。我媽媽得到輕微憂鬱症的時候，曾經在半夜打電話過來說「好想死」。有次我回應道：「媽媽，你還沒喝過龍蝦味噌湯吧？在海女小屋煮給客人吃的那一種。」媽媽接話回答：「啊～對呀，一定要去吃看看呢。」最後溫順地上床去睡覺。

櫻花盛開時要吃長命寺的櫻餅，梅雨開始就想到剉冰；女性與如此微不足道的愉悅感聯繫在一起，藉此堅強地活下去。

可是，男性腦卻不同。這邊是把解決問題當作感性最重要的意義，解決問題、拿出成果，而責任義務才是大腦所嚮往的。

所以我們看到老年退休、離開工作崗位後的男子沒有歸屬感。從長年的社會責任中獲得釋放後，整個人頓失運轉大腦這臺引擎的理由。因此對於退休後的丈夫，必須要給他「責任義務」。在我們所居住的東京下町，每年都舉辦像慶典這樣的大型活動，名為「町會」的居民自治團體會積極地行動起來。參加這種團體感覺不錯，可以把它當作是退休男人的「責任和義務」。

以極端來說，男性腦不是為自己的愉悅感而運作。即使變成有錢人、過著奢華的生活，那裡若沒有渴望自己、為自己高興的人，應該就不可能永遠持續努力下去。就像大家說的：若沒人愛的話，就沒意義了。

因此，失去社會責任和義務的男性腦，身旁不可或缺的就是女性腦——一個永無止盡追求愉快感的機器，不斷要求：「我想吃那個」、「我想去那裡」、「我想擁有這個」、「你去做這個」。

還沒背負社會責任之前的年輕男性腦也一樣，需要一個對自己有憧憬的女性腦。因為無法把這個重責大任交代給異想天開的年輕女生，只好由媽媽親自出馬。在兒子邂逅命中註定的伴侶之前，媽媽的憧憬將帶動男性腦的運轉。

過去，「報效國家成為傑出的軍人」，隨著媽媽的這種憧憬的目光，男孩挺直腰背把這句話當成了「目標」。

「大谷翔平好帥啊。」媽媽的憧憬會驅使棒球少年勇敢接受嚴厲的練習。很可能男孩子選擇的學習模範，原本就是母親憧憬目光所注視的人物也說不定。

試了之後發現，「媽媽的憧憬」會推動男孩前進，這句話並非誇大之詞。

我們身為男孩子的媽媽，就盡情揮舞夢想的力量吧——在載滿夢想力量的媳婦到來之前。

什麼樣的孩子會成為一流人才呢？

我的朋友當中有位名叫伊藤佳子的職業高爾夫球選手，她因為卓越的運動哲學，而受邀上過NHK（日本放送協會）的「高爾夫教室」等電視節目，本身也是有名的教練。

幾年前，那時剛好女子高爾夫球選手表現活躍這個話題很熱門，我有機會與伊藤女士一起吃飯。「這種時候，高爾夫球教室應該很受歡迎吧？」問完，對方回答道：「沒錯啊，連報名幼兒教室都要等好幾年呢。」

我在腦海中想像那個畫面——許多小孩子專注聽伊藤教練講述高爾夫哲學的模樣，接著不經意地開口問了這個問題：「什麼樣的孩子可以成為職業選手呢？」

伊藤女士在現場斬釘截鐵地回答道：「誰都有那樣的機會，因為高爾夫球是一種全面運動，選手並不需要在空中翻轉四圈，也沒有特殊體能上的條件要求。」

然而，她以嚴肅的表情補充道：「不過呢，唯有一種家長的孩子不可能成為一流選手，那種家長例外。」

「那一種是指什麼樣的父母親呢？」

身為一個孩子的家長，以及探究頭腦功能的研究者，我想自己不容錯過這個答案，於是全神貫注地傾聽。

伊藤女士如此解釋道：「總而言之，就是過度投入的父母。**如果家長對於成績一下子歡喜、一下子憂愁，孩子會害怕失敗。**家長不能比孩子更失望，或者高興得飛上天，那樣是不行的。」

伊藤女士的話深深刺入我的心。

理由是那一番話的含意，對於我的人工智慧研究也有深切的關聯。

不必害怕失敗

人工智慧具備學習的功能。

確保萬無一失後再開始學習的話，就能縮短學習的時間。人工智慧偶爾會失敗，帶給學習迴路一個衝擊，然後會出現短暫的「混亂」，導致學習時間拉長。可是，這麼一來反而能增進策略的技巧。

不允許失敗的人工智慧，應付「例行公事」確實能做得好，但處理「新事態」的能力卻顯不足。另一方面，允許失敗的人工智慧則有能力開拓新的道路。

這一點與人類相同。

作為母親，讓孩子精通所有要領，快速地提升成績，培養出能夠努力完成職責的菁英當然是一個辦法；不過**讓孩子能慢慢來、容許他失敗，培養出開發者或先驅者也可以是賢母選擇的路**。

無論選擇哪一條路都好，只是後者屬於大器晚成型，會使人在媽媽圈的比較競技場上節節敗退；做母親的你要儲備不在乎的意志力，勇敢向前走。

話雖如此，偶爾也會有例外出現。讓孩子慢慢花時間，也允許他失敗，明明朝著開拓者的培育方向前進，卻意外地成績優秀，最後變成人人都覺得訝異的菁英。這樣的人才也教我很驚訝。親子兩方都有餘力的話，可以朝兩方面同時進行。

我們的頭腦在經歷失敗、留下痛苦記憶後，那天晚上睡覺的時候，失敗經驗裡用過的關聯迴路的臨界值（引發生物反應的最低底線）就會提高，導致神經訊號難以送達至此區塊。換句話說，那個迴路變成了「即時訊號難以傳達的位置」，結果就把頭腦打造成不容易失敗的模式。

知道你不需要的地方，也可以說是頭腦為了更聰明地運作而採取的最高手段。在第一章裡也曾提及，頭腦的工作是「快速抉擇每次必要的迴路」；知道不需要的地方，進一步減少選擇項目，就可以打造出聰明敏銳的頭腦。

不要害怕失敗。

這是媽媽為培養出具備策略能力、勇於走向冒險的男性腦，最關鍵的素養。

男孩的媽媽都具備勇氣

女性腦的潛在天性裡，早已設定了害怕失敗這個特質。

教養孩子不允許失敗。為狩獵而出遠門的男人，縱使失敗了也只是犧牲自己的性命而已，身後還是在世上留下了遺傳因子。如果是女人教育孩子失敗，就等於斷送了未來。頭腦難道明白生態系的本質，就是遺傳因子的傳承嗎？「不害怕失敗的男人」與「害怕失敗的女人」自然地結合在一起，確實增加了後代子孫的數量；對失敗的恐懼，男女有別。

於是，「必須不害怕失敗、果敢地成長的男性腦」的第一個阻礙，竟然就是眼前「害怕失敗的母親」；這種情形依然存在。

要知道，男孩的媽媽都具備勇氣。

我家兒子騎著摩托車，在外行遍了數萬公里；他的研究所畢業旅行是隻身前往尼泊爾，在那裡騎摩托車翻山越嶺。

聽完這個計畫（「我想去看看喜馬拉雅山。喜馬拉雅山是六千公尺高的山峰，從平地看不到山頂。至少要登上兩千公尺的山才能看見，聽說可以騎摩托車上山。」）的時候，我用網路搜尋查看了一下，找到了一支影片播放在沒有交通護欄的碎石山路上，摩托車沿路蹦跳著前行的模樣。小得不能再小的路肩的對面，就是懸崖峭壁。

我於是趕緊拿快要過期的護照去更新，因為要是有什麼事情，我得馬上飛過去處理。

這麼想起來，兒子的成人式那天，我曾對他宣布道：「從今天起，你的生命是你自己的。媽媽對於養育你長大的過程，感到十分快樂。從此以後，你不用對媽媽有所顧慮。想為冒險賭上性命，或者是為那邊的姊姊賭上性命，都是你的自由喔。」因此，我沒有權利對兒子說：「不要去。」不過，對於至今各種小冒險和小失敗堆積如山的他，我自然有信心。

雖然有孩子的朋友都一臉驚訝地回應：「你真有那個勇氣呢。比起你兒子的勇氣，送他出遠門的你的勇氣更教人動容。」可是對我來說，把兒子送出門踏上他人生最初的冒險，那個當下所提起的勇氣其實不算什麼。

拆除恐懼限幅器的那天

兒子初中三年級的春假，踏上了一百公里的自行車旅行，那是早在半年前就開始陸陸續續準備的。從今日的他來看，那一次是多麼可愛的冒險旅程啊。

那天的黎明時分，我做了一個夢。兒子的自行車被捲進垃圾車的後輪，接著我在大聲尖叫中（我以為自己驚叫了）醒來。外面仍然暗著，下起了小雨。

突然瞥見客廳的電燈亮著，兒子正在做暖身操。我拚命把持住自己，怕一不小心就大叫：「不要去」；「下雨了，還要去嗎？」我問道。他微笑著回答：「這種程度的雨算是騎自行車的好天氣啦。只要預防脫水症就可以了。」

走出玄關的兒子的背影，我到今天仍能清晰地想起。即使是現在，心臟也好像要爆裂似的。我把手腕交握在背後，拚命壓抑想要抱住他別走的自己。

那個時候，我不知為何堅決地相信：如果我因為害怕而阻止了兒子，性情溫和的他一定會為了我取消旅行的計畫。然而，日後應該再也不會去冒險旅行了吧，因為媽媽的**恐懼會變成限幅器，使兒子喪失年輕熱情的冒險心**。我心裡想，就算受了傷，這種機會對男人來說是某種不能失去的重要東西。

送兒子出門後，我在玄關雙手抱膝坐著，顫抖得哭了。雖然聽起來有點誇張，但是莫名地理解到那些送兒子上戰場的媽媽的心境。

今天世界上也有許多媽媽送兒子出門吧，不管是去戰場，還是去危險的第一線，而她們總是把顫抖的雙手藏在背後。

媽媽用自己全部的生命成為兒子的依靠，以慈愛無微不至地扶養他長大，但最後那個生命還是得交回給兒子本身。為了他自己的使命，他必須冒著生命去履行。當男孩子的媽媽這件事是多麼殘酷的現實啊。

那天早上，我覺得自己彷彿與世界上所有「生了兒子的媽媽」聯繫在一起。話說回來，某次聽到世界最高等級的摩托車錦標賽MotoGP（時速超過三百公里）選手的母親談起，每次送兒子出門比賽她都會說：「慢慢騎，安全駕駛喔」，那時的我雖然笑了，但是現在再也笑不出來。

從那天起，我內在有些什麼放下了。即使兒子說他想在尼泊爾翻山越嶺，只要能考慮到「萬一」發生後該怎麼做，就會有那個膽量讓他去做了。

現在因為有媳婦在，就比較安心一點。「開什麼玩笑！除了我之外，你還要拿生命去賭什麼?!」她準會這麼斥罵，全力以赴幫我阻止兒子。

既然是當男孩子的媽媽，自己交握顫抖的手、為兒子送別的瞬間，總有一天會到來。這無關事情的大小，對某些人來說，也許就是兒子在公園裡第一次獨自走向遊樂設施的那個瞬間。從旁人的眼光看來或許不是什麼大不了的事，但對媽媽而言可是拆除「恐懼限幅器」的偉大瞬間啊。

當然不能隨便讓孩子亂來，絕不忽略準備工作是一定要做到的。此外，最後當母親的恐懼擴大的時候，請務必盡力拿出勇氣接受。全世界在養育兒子的媽媽，都以同樣的心情走在這條路上，要相信這份無形的團結力量。

不過，唯有一件事我希望家長可以守住：從事賭上性命的冒險之前，請讓孩子累積許多小的失敗經驗。根據冒險的規模，「伴隨寒冷和受傷」的中型失敗也有必要經歷幾次；缺少失敗經驗的頭腦，無法承擔大冒險。

自己的「確信」比他人的「稱讚」更令人開心

失敗賜予我們的是判斷力，而不光是結果；對想像不到的新狀況，失敗能引導我們得出令人心服口服的答案。

若頭腦的判斷力優異，就會毫不猶豫地提出解答：一個自己可以認同、相信，且貫徹到底的答案。至於他人是否認同這個答案，根本不用在意，因為自己的「確信」比他人的「稱讚」更令人開心。沒有猶豫、沒有懷疑、不生悶氣、不逃避、不在乎他人的眼光……用這種方式活得自由自在，勝過每一個稱讚。

我希望自己的兒子能夠獲得的正是這種「確信」。

如果缺乏「確信」，就容易變成為了追求「認同」或「讚美」，為了「他人的期望」而活的人。如果按照他人的期望來生活，就會永遠缺乏「確信」；而不停追求外在的「認同」，則會使人生活在心靈飢渴的地獄之中。

為握有完整的「確信」，就必須累積失敗的經驗；頭腦就是在這種重複鍛鍊中變優秀的。

因此，顧忌、避免，或害怕「失敗」，甚至是責備孩子的失敗等，都是我無法想像的事。

但是，不能「不在乎」失敗

雖說不用害怕失敗，但是並不代表可以完全「不在乎」。心裡若不感到痛，頭腦就不會認知到失敗，也就無法進一步啟動迴路的改寫工程。

「是那個人的錯」、「是社會的錯」、「是運氣不好」，假如把種種不順的事推卸給他人、怪罪別人，頭腦就不會認知到「這是需要記錄在自己腦子裡的失敗」，結果造成頭腦的迴路沒有被改寫。說真的，已經遭遇這種受傷經驗了，難道要白白浪費頭腦升級的機會嗎？

我對年輕人會這麼建議：「即便是別人的失敗，也要偷過來。」就算是別人百分之百的錯，自己如果感到同情而認為「我應該也能做些什麼的」，這麼一來，別人的失敗也能夠提升自己頭腦的判斷力。

如果失敗了，就乾脆地承認失敗（包括偷取別人的失敗），然後體驗心痛的感受。話雖這麼說，你卻沒有必要感到後悔。我反而希望你相信「今晚，我的頭腦會變聰明」，然後帶著清爽的心情好好睡覺。

雖然說不需要害怕失敗，但是對於會賭上性命的事情，或者在自己的事業上，可是不容失敗的。因此我自己有一個嗜好，我把這個嗜好當作增加失敗經驗的遊戲，意思就是：付錢去經歷失敗。

因此，我常抱著「志向高，不執著結果」的心態；對於他人的眼光一點也不在意。雖然我跳社交舞已經長達四十二年了，不過那純粹是以好心情度過的。比方，光練習右轉步（只有兩步的基本舞步）就忍受了整整一小時的錯誤百出，可是沒有一秒鐘是心情低落的。

「志向高，不執著結果」這個心態，在人生的任何情境中都用得上。商場上，不知不覺之間，企畫案已經邁入了商業開發的階段。「不知不覺之間」這句話並不代表「馬上知道」，失敗還是會隨著時機不斷地重複，然而在體會到「哇，原來如此啊」的過程中，之前的失敗經驗值不知不覺「蹦～」地跳上了更高一級的階段，頭腦於是進化了。

若抱持「志向馬虎，執著結果」（換句話說，單純迴避失敗，卻非常看重結果）的心態，頭腦的判斷能力不會提升，最後導致一個人在同一位置兜轉不前。

「志向高，不執著結果」（失敗也不恐慌，對別人的評價不在意）的態度是好，不過，**失敗的經驗要徹底用心去痛記一番，到了晚上就帶著毫無牽掛的心去睡覺。**

這個精神是人生的精髓，像是以「英雄之書」為題寫在捲軸上，讓我幾乎想放進冒險旅程的行囊裡。（事實上，我曾出版一本同名的書籍（《英雄之書》）），請送給剛出社會的兒子當禮物。）

孩子失敗時，該如何處理？

基於上述理由，我們根本不需要害怕失敗，反而應該要歡迎失敗。沒必要追著孩子叮嚀「小心不要失敗」。

我希望大人偶爾在小孩子面前展現失敗的模樣；在孩子面前坦率地表現失望、小小抱怨也可以。這麼做能讓孩子理解到：「失敗是家常便飯」。

現在，實際看到小孩子失敗了的時候，父母又該怎麼做才好呢？如果叫你不要責備、也不要失望，是否就不知道該如何回應了呢？

「早知道我也〇〇就好了」，這麼說就行了。

比方說，模擬考試的前一天，明明告訴孩子：「睡覺前要仔細準備。一一確認你需要的東西喔。」隔天一早，孩子突然說：「糟糕，竟然要帶拖鞋耶！」一時之間催著母親幫忙。

這種情況，凡是做母親的都想怒罵：「我不是跟你說了嗎！」可是這瞬間更是要說反話：「媽媽要是也陪你一起看學校發的單子就好了。」一邊說一邊忙著找拖鞋。

這句話會讓母親與孩子共有這個失敗經驗，在這一瞬間，媽媽在孩子眼中會變成「與自己分擔心痛的人」。

在世上，還有什麼比能夠分擔心裡的痛的媽媽更珍貴的？失敗是好事。

家長若害怕失敗，孩子的動力就會減弱

我們可能會聽到對教育過度投入的家長這麼說：「你啊，那一次還有這次都在這個地方犯錯了。下一次也可能會再錯，一定要小心。」可惜的是，那個孩子十之八九會重複同樣的錯誤。

原因就在於，孩子頭腦的失敗迴路仍然活躍，就再次被送上場。

孩子身邊如果跟著害怕失敗的指導者，就沒辦法成才。

孩子的腦袋一旦受到父母親的恐懼影響，就會容易分泌恐懼的荷爾蒙——去甲腎上腺素，它是用來減弱頭腦訊號的荷爾蒙，可說是頭腦的煞車功能。簡而言之，不停重述過去的失敗，就會導致動力的訊號衰減。

正式上場之前，如果被人一直嘮叨碎念關於失敗的種種，不僅在臺上慘遭失敗的可能性會相對提高，連行動力也無法維持。

到最後，當父母輸給了害怕失敗的恐懼，回過頭還責備孩子「缺乏動力」，或者自己先踩了煞車又教訓「速度太慢」等，這些話對頭腦就像有毒的驅動程式。孩子沒有罪，全是父母親的責任。

首先，做父母的需要把自己從績效導向的「成果主義」中釋放出來。

對失敗不苛責，對成功不洋洋得意，與孩子共同分擔心裡的痛。即使是孩子失敗了的時候，還是能夠對他說出讚美的話：「那個策略很棒」、「我為你不輕言放棄的精神感到驕傲」。

稀世天才藤井聰太棋聖說過：「只要比賽將棋，勝敗就會一直圍繞著你。一喜一憂的起落並無可厚非。」我們給孩子的教養也應該朝著這樣的境界前進才是。

第五章

培養「體貼能力」的方法

既然生而為男人，就必須懂得體貼。

有能力守護、公主抱、做飯，還有可能使對方開心的事要想到就馬上付諸行動，不時說些貼心話；必要時以一身帥氣的軍服英勇地騎著摩托車出現，當作盾牌擋掉槍彈來保護佳人，就像《愛的迫降》裡的利正赫。

二〇二〇年這部韓劇掀起了一大旋風，故在本書中多次提及。雖然不好意思，但事實上男主角利正赫恰巧「跟我家兒子一模一樣」，所以不得不以此為例。

當然我指的不是臉蛋的相似度，而是指體貼能力。

飾演男主角的演員玄彬的演技精湛，完美的體貼行為連一公分都不會令人感覺造作，成功以純樸的風格取勝。

「連媽媽也會欣賞的好男人」勢必具備純樸又完美的體貼能力啊。

世界上的體貼技巧，要由媽媽來為兒子輸入。

在日本社會很少有這方面的教導。

基於這個理由，最後我想談談要怎麼培養體貼能力。

說話的體貼

體貼的基礎是具有同理心。

留意對方的想法，使用溫和的話語；感知對方的行為，伸出手給予協助。就是這麼簡單。

然而，對男性腦而言，這個要求真的非常困難。

如前面章節所描述的，男性天生就是會在瞬間朝「遠方」觀望，頭腦以客觀為優先。思考模式屬於目標導向、解決問題型，瞄準目標、釐清問題癥結點、快速達成目標。於是，對話往往變成是從「突擊對方弱點」開始進行。

相反的，女人的視線會把「近處」的每個角落都巡視一遍，頭腦天生以主觀為優先。思考模式屬於過程導向、同理心型，這種方式會因爲情感波動的影響，而一再想起過去的回憶，繼而產生深度的覺察力。於是，對話的開頭一方面可以用「感情」或「過去發生的事」來切入，另一方面則是產生「同理心」，為溝通埋下基本邏輯。

「產生同理心」在女性腦裡就像是習慣動作，怎麼能接受以「突擊弱點」為標準策略的男性腦（！）

但假如是隨便聊聊，男性腦根本不可能獲得滿足的溝通。因此，整個對話就會走樣。

女性：「今天發生了這樣令人難過的事。」

男性：「是啊～你也是會在最後關頭掉以輕心。」（直搗問題癥結點）

女性：「……」

男性：「如果討厭，可以考慮辭職。」（解決問題）

顯然，女性的理想對話則傾向下面這樣：

女性：「今天發生了這樣令人難過的事。」

男性：「啊~那真是令人傷心呢。你其實太溫柔了啦。世界上，就是有那種你不對他大聲，就搞不清楚狀況的遲鈍傢伙。」（同理心）

女性：「我也必須變強勢一點才行呢。」

男性：「不用，維持現在這樣就好囉。」（認同）

女性：「♡」

前一則，確實為解決問題提供了一個辦法；後一則，則從對話內容看不到明確的目標，對男性腦來說的確是零分的對話。

不過，如果從「是否通達內心」的角度來看，前一則別說是零分，直接就是負數；後一則則是超越一百分的一百二十分。

男女的對話若能夠達到心思相通，也算是一種解決問題的方式。

被戀人的溫柔擁抱的女性，一定會變得更堅強，突破「掉以輕心」的情況。以結局來說，就是達到目標了。

這裡講的不是摟著肩、扶著腰，而是用話語給予優質的體貼。

同理共鳴能力的養成有其適齡期

能夠用有同理心的對話來交談的男性會受歡迎，而一起對話的女性在接受話語上的體貼後，不僅會變得堅強，也會更加美麗。

對男女雙方來說都有益又令人開心的事，現實生活裡卻難得遇見這樣的男人。

現實之所以如此，是因為思考或對話的模式是屬於本能的領域，是一種在瞬間輸出的功能。當一個人意識到的時候，嘴巴上已經說不出話來了；把無意識的訊號修正導向有意識的軌道，極為困難。

當然，這並非不可能的任務；我顯然沒有放棄。所以為了幫助成年男性修正溝通的軌道，我寫了《老婆使用說明書》。

為了讓成年女性學會促進老公修正溝通軌道的訣竅，我還寫了另一本已經出版的《老公使用說明書》，對於有心改善夫妻關係的人，敬請兩本書一起閱讀。

回到本書的主題——兒子的頭腦。

事實上，關於兒子的頭腦有一個好消息。

男性腦雖然生來偏向在瞬間觀望「遠方」，以客觀為優先，但思考模式牢固鎖定為目標導向、解決問題型，則是在青春期的時候成形。

在青春期之前，透過媽媽的引導，男孩子也能夠很容易地進行富同理心的對話。

關鍵是十三歲以前，只要能夠與母親練習有同理心的對話，之後自然而然能夠變成在話語上體貼的男子。

意外的，媽媽也是屬於目標導向、解決問題型的思維

話雖如此，為何日本的男子就是做不到呢？

答案其實很簡單。這個國家的媽媽，並沒有與兒子進行有同理心的對話。

我希望你能回想前面舉例的兩段對話，然後把它模擬成媽媽與兒子的對話看看：

兒子：「今天發生了這樣的事。」

媽媽：「啊～因為你都是慢吞吞的呀。」（直搗問題癥結點）

兒子：「……」

媽媽：「討厭的話，就不要做吧？」（解決問題）

兒子：「今天發生了這樣的事。」

媽媽：「啊～那真不好受呢。那種時候，要不要試著直接說清楚呢？」（同理心）

兒子：「嗯，我下次就那麼做。」

媽媽：「加油喔。你辦得到的。」（認同）

你平常的對話屬於哪一種呢？

意外的，是不是會習慣使用前者的模式？同樣的對話，如果這麼回答的人是老公，應該會令人相當火大，可是我們竟然不經意地也跟兒子這麼說話。

如此一來，兒子將會變成一個不懂得在話語上給予體貼的丈夫，然後他的妻子又會……這個輪迴若不在某個環節決然切斷的話，就會永遠循環下去。

男性基本上是從母親身上學會「話語的體貼能力」，除了這個方式就沒有其他培養的機會了。畢竟，一群男人聚在一起都是用目標導向、解決問題型的模式在對話。

與兒子的對話總是單向道？

某次，一名有八歲兒子的女性來找我諮詢。

她開門見山地坦白，沒辦法與自己的兒子好好對話。「兒子比較喜歡爸爸，好像完全不需要我那樣。」這位母親含淚垂著頭說道。

眼前這位媽媽年輕漂亮，就像姊姊一樣。通常八歲的孩子，正值有好多話想跟母親講的年紀，是什麼問題呢？對此相當疑惑的我，接著提問：「對放學回家的兒子，你都怎麼跟他打招呼、說話呢？比如說昨天，你說了什麼呢？」

聽完，那媽媽回答：「學校怎麼樣呢？趕快去做功課。」

誒？「學校怎麼樣呢？」這麼問是希望聽到什麼樣的回答呢？回到家，假如突然被家人問：「公司怎麼樣呢？」換作是我可能也會直接無視吧。

事實上，**「學校怎麼樣呢？」這種類似5W1H的提問，應當要特別注意。**

5W1H就是以Who（誰）、When（何時）、Where（哪裡）、What（什麼）、Why（為什麼）、How（如何、怎麼樣）做為開頭的問句。

「在做什麼？」、「學校怎麼樣呢？」、「去哪裡？」、「這個是何時買的？」、「為什麼放在這裡呢？」——這些就像是使家族氣氛變尖銳的暗示，像拳擊比賽時敲鐘一樣。

因為5W1H是用來確認細節的問題，一般是追求目標、催促結論的情形下，視目標導向、解決問題型為王道的說話方式；不僅使頭腦緊張，也無法觸碰到心。

當然，如果是為確認細節而這麼問，那也是沒辦法的事；只不過，若想擁有心靈相通的對話卻使用這種方式進行，則完全會得到反效果。

即使只是思考一下，也希望你能看透這個邏輯。「學校怎麼樣呢？」、「功課做了嗎？」這些話，跟回到家的丈夫突然問你：「今天你做了什麼？」、「飯煮好了嗎？」等，其實是一模一樣的思維。

我把那種突然冒出來的5W1H問題，稱為對話的碾碎機。

不能依賴5W1H的威嚇效果

即使5W1H的發問本身不具威嚇的意味，聽起來卻總像一種威嚇。

當然，若帶著發洩不滿的口氣來說的話，那威嚇效果更是倍增。

當你拿起擱在一旁的髒杯子，然後問：「這是誰放的？」、「為什麼不洗？」、「怎麼○○也不會做？」、「所以我不是說過了，為什麼說的話都不聽？」

我理解你想表達的心情，可是就算那麼說了之後，這世上可能有那種會誠實地反省、用溫柔的話回應你的人嗎？

這麼做只會導致家人或下屬的心情變得尖銳，把兩人的關係弄僵、夾著厭惡感而已。結果，什麼好處也得不到。你說那是失言、說錯話，假如當真如此，是否不說會更好呢？

把「為什麼？」改成「怎麼了？」

遇到這種情況，與其說：「為什麼沒做（不會做）呢？」，可以改口用：「沒事吧？怎麼了呢？」

不是問：「為什麼沒做功課？」，而是換成關心：「沒事吧？你連續忘了做作業，怎麼了呢？」

「為什麼沒做功課？」這句問話是在責備兒子的怠惰，然而「沒事吧？怎麼了呢？」則是在懷疑是否有外在因素。難道沒有什麼好辦法可用嗎——伴隨這種想要想出改善方法的，是一種溫柔的關懷。

問完：「為什麼沒做功課？」，孩子如果回答：「忘記了呀」，也許會令人生氣，可是如果問：「沒事吧？怎麼了？」，孩子還是回答：「忘記了呀」，我們就可以轉為「為了不要忘記，該怎麼做比較好呢？」，從這裡切入以及進行具有建設性的對話。

「為什麼？」與「怎麼了？」雖然只是一、兩字的差異，卻能為母子的談話劃分好壞結局。話語不單純只是話語而已。

充滿「目標」的家庭

女性本來就是以同理心頭腦迴路為優先，具備的本能總是會以展開心的對話為主。然而今天日本的家庭，家人之間的溝通卻偏向解決問題型的對話。

其理由就是日本的親子教養無不充滿「目標設定」；讓孩子趕快吃飯、做功課、洗澡、隔天早上再妥當地送出門……這種是短期目標，讓孩子順利通過考試是中期目標，成為優秀的大人是長期目標。許多目標豎立在我們做母親的面前。

於是，日子就只繞著「功課做了嗎？」、「學校如何？」、「為什麼學校發的單子不拿出來呢？」等解決問題型的對話一天天地過去，不知不覺兒子長大成人，最後離開家自立。

這個其實是個大問題。父母跟成人的兒子會沒辦法愉快地聊天，而將來兒子建立的家庭也會偏向解決問題型的溝通形式。

十三歲是分歧點

男孩子在十三歲以前還能夠自然地進行具有同理心的對話，可是一旦過了這個年齡，男性荷爾蒙睪固酮的分泌進入高峰期，一下子就會轉換到目標導向、解決問題型的模式。

直到昨天為止都還喊著：「媽媽，看我一下啦」的兒子，今天卻說：「啊？不要看啦」，這種驟變正是幾萬年來持續不斷發生的、男性腦成長的證據。

在轉換成這個模式以前，只要把家裡打造成「具同理心的對話現場」，男孩子自然會變成有能力應用兩種對話方式，養成「話語上的體貼能力」。

那樣的成果完全要仰賴媽媽的引導技巧才有可能。

「已經來不及了～」如此感嘆的你，不用擔心。雖然做起來會比較困難，但是媽媽的字典裡可沒有「不可能」三個字。

如第三章所述，男孩子的睪固酮分泌量（擔當促使生殖器官成熟的角色）會在十五歲達到高峰，十八歲左右開始稍微平緩。

睪固酮的作用雖然主要是針對下半身，不過也會影響腦部，一般來說會喚起強烈的目標意識及競爭心。十三歲起數年的時間，男孩子之所以變得難以管教，是因為他從「乖巧的兒子」突然切換到「無畏地奔向荒野的獵人頭腦」。

縱使在那麼難以管教的狀態下，母親溫柔的話語仍然會滲透他的內心。不管兒子的反應如何，都希望你不要太在意，堅持實踐本書裡所提出的建議。如果兒子的抗拒過於令人難受，不要著急，等待一段時間再挑戰一次就好了。荷爾蒙的分泌每天都不穩定，到了十八歲，整個狀態就會平穩下來了。

總而言之，男孩子不管處於再怎麼敏感尖銳的時期，仍會溫柔對待母親。

比起戀人或妻子試圖把目標導向、解決問題型的男性腦勉強轉換成同理心型的模式，母親透過身教使孩子耳濡目染應該更加容易。

十三歲以前，孩子會自然而然地跟著做；十三歲以後，雖然會有點彆扭且更費時，但並不代表孩子不會去做。把兒子送出門踏上冒險旅程之前，這是做母親的責任。加油！

如何啟動「心的對話」

基於上述理由，現在就來談談如何與兒子進行「心的對話」。

首先，希望在家裡面禁止使用「突兀的5W1H」提問。

不過，那並不包括「番茄醬在哪裡？」、「教學觀摩是什麼時候呢？」類似這種與提問者本人的行動有直接關聯的問題，以及用來代替「為什麼？」的「怎麼了呢？沒事吧？」。

該如何啟動心的對話，有六種方法：

1. 稱讚

「那很棒呢」、「滿帥的嘛」、「你還會做這個啊？」、「這是你喜歡的歌喔？滿有品味的」、「你的腿很修長呢」、「你穿上那件外套看起來好酷喔」等等，要像戀人一樣去稱讚。

我對還是嬰兒的兒子也會這麼說：「你真的是個好男人呢。這麼棒的孩子竟然降臨在我這裡真是奇蹟呀。真的謝謝你從媽媽的肚子裡出生。」真的是因為打從心底這麼想才會一直不停地對兒子說，可是他上中學的時候曾表示：「媽媽，我好像完全不是好男人那一類型的呦。你知道嗎？沒事吧？」那時他擔心我的審美觀，而這麼說了一番。

2. 苦勞

對盡了全力的兒子要認同他的辛苦：「做得好啊」、「你很努力喔」、「真的很辛苦吧」、「一定很冷（熱）吧？」、「很重對吧？」。

我去幼兒園接兒子的時候，若是比約定的時間晚了，就會對他說：「有點孤單吧，對不起喔。」同一句話經過了很長的時間，從兒子身上回到了我這裡。有次，終於和正在旅行的兒子連絡上的時候，他在電話那頭對我問候道：「讓你擔心了呢？一定覺得很孤單吧，對不起喔。」

3. 感謝

感謝孩子幫我們的忙：「謝謝你收下快遞喔」、「謝謝你陪我買東西」、「你幫我把米搬進來囉！真是幫了大忙！」等等。

果然，感謝的話也一樣會回到我們身上。「飯好好吃，謝謝喔」、「你幫我把西裝掛起來啦，謝謝」，類似這種情況。

4. 說出自己看到的、感受到的事物

如果把發生在自己身上的細微小事分享出來，就會變成一個產生對話的誘因，使對方述說自己的心情，進而能夠編織出心的對話。

真的是芝麻綠豆小事都可以拿出來分享。

「那河岸邊的櫻花已經看得到花苞了呦。」

「今天的雨下得真大呢。」

「現在正在讀的小說，裡面出現的食物好像很美味喔。」

「這首廣告歌曲在我年輕的時候可是非常流行的呢。」

諸如此類。

記得：就算不被理睬也不用在意。面對說話對象是男性腦時，這種好似自言自語的獨角戲臺詞（monologue），只有在觸動對方的心弦時才會得到回應。嘗試數次裡只要有一次獲得了溫暖的交流，就可以稱讚自己做得好。

5. 依賴

「幫我試一下咖哩的味道好嗎？」、「今天的火鍋該放什麼好呢」、「視訊會議該用哪一種 App 好呢」、「如果這裡要放個書架，你覺得用什麼顏色的好呢？」等等，三不五時就拜託兒子，也是好的嘗試。

此外，也建議父母問問孩子對於社會事件有什麼看法。「九月的新生真的能如期入學嗎？」、「你怎麼看川普總統呢？」類似這樣，把社會事件變成聊天的話題。

當腦袋可以暫時擱下家事或家庭問題，彼此之間的對話就會意外地活潑起來。

6. 傾吐抱怨

「真難過，安慰我一下吧」、「好累喔，動不了了」，即使是當母親的，也可以這麼說。跟孩子討一個抱抱，或者讓孩子讀繪本給自己聽都好。

說到底，你認為感覺「心靈相通」究竟是怎樣的一瞬間呢？

頭腦的構造是藉由互動作用而進行活化的。

意思就是，頭腦認知功能的基本構造，促使一個人可以在瞬間理解到與自己產生互動作用的人事物。對誰（何物）採取行動，那個誰（該物）接著呈現出好的變化，如此的結果會使頭腦獲得最大的愉悅感。換句話說，從頭腦的功能性這個角度來看，「施」比「受」更有福。

人會被自己所重視的人的優點（強大美麗的部分）吸引，但是會被他的缺點所魅惑，最後變得無法離開；也可以把這種情況形容成當戀情變成愛的時候。到最後，幾乎像是少了自己就活不下去的情人，並非甜美的情人。

希望你能夠回想一下，你把自己剛出生的孩子抱在懷裡那天的心情。你抱著安靜沉睡的嬰兒，感知到孩子全部的人生交到了做媽媽的你手裡，並且體會到那份甜蜜的心情。

請把那種愉快的感受當成禮物送給兒子吧。

沒有你，我就活不下去了

母親一般凡事都靠自己，相信自己確實是為了克盡母職而存在。

我們一定要讓兒子知道這件事。

當了母親之後，你可能會習慣地認為，理所當然的事情即使口頭上不說，對方應該也能感受到吧；然而，就算是親子之間，「愛」這件事還是必須用話來傳達才行。

當然，隨隨便便就抱怨和唉聲嘆氣的母親是個問題；但是盡心盡力的母親，如果可以為自己傾吐一點苦水的話，一定會讓人覺得更可愛。那些苦水會變成親子兩人心靈相通的觸媒。

偶爾，試著放下「強大正確的媽媽」、「教導的媽媽」等形象如何？

我經常會示弱：「如果沒有你的話，就活不下去了」，連這種話都會跟兒子說。有次，讀高中的兒子騎自行車差點撞上卡車的時候，我就曾調換立場強烈地表示過：「你不能丟下媽媽和兩個奶奶死掉。」在兒子的腦子裡烙印：不管發生什麼事，你都要活著回來。

名為「母親」的聖域

兒子五歲時的某一天。

我因為寫不出稿子在床上滾來滾去、無病呻吟，不料兒子飛奔過來問：「沒事吧？」，抱住我，又用手輕拍著我的背。這麼做了之後，不可思議地，我接下來就輕鬆順利地寫完一篇文章。

我用笑臉感謝兒子，從此那就變成了他的神聖任務。只要說一句：「我寫不出來」，他就會馬上飛奔過來抱住我，就像一個儀式似的；其實至今未曾改變。

兒子還在念大學的時候，深夜打電話過來，發現我的聲音聽起來沒什麼精神而表示很擔心，我誠實地回答那是因為：「稿子寫不出來」，他一聽完也會馬上關懷地詢問：「需要我現在騎摩托車趕過去嗎？」從他住宿的地方過來，可是足足有兩小時的路程呢。最後顯然是以「不要緊啦」結束通話，可是另一端的兒子一邊拿著電話、一邊開始踱步的擔心模樣，確實令我的心又溫暖又感動。

特別是男性的使命感是相當專一的，並非只有我家兒子如此。兒子的朋友對自己母親的關心或種種盡孝方式，旁人看來都是極為欽佩的。儘管我覺得他們對自己的母親，可能少有機會用言語表示關懷。

男孩子的心中都有一個名為「母親」的聖域，除此無法想到更好的形容。的確是如此不是嗎？畢竟，頭腦想像空間的最初座標軸原點就是母親啊。

男人會有「必須保護的人」這樣的觀念，背後的必要條件就是具備體貼的精神。兒子五歲時的那天以後，對他來說，媽媽變成了「自己如果不給抱抱，就寫不出稿子的人」。

這麼一來，換成其他場合，還能夠使人發揮領導力。我曾經在還是小學生的兒子面前吐苦水：「寫企畫案真是一場災難哪～」，結果他意外地對我說：「我也要做功課，那就一起做吧。」不僅幫我把桌子整理乾淨，還順手打開筆電。

有時，我就像小時候對媽媽撒嬌那樣，對兒子也撒嬌一下。那實在是無可取代、非常幸福的時光啊。

如果家裡不只有一個兒子，希望你能為每個孩子都賦予一個神聖的任務。

一旦決定之後，就要有決心不讓其他孩子隨便做不屬於自己的任務。

比方說，週日早上是哥哥負責煎荷包蛋給媽媽吃；媽媽心情低落的時候，弟弟就負責彈琴等等。挑選孩子擅長的事情，將它變成習慣，再當作是一種「神聖任務」。

那就是串起媽媽和兒子兩顆心的勾勾，也是養成「話語的體貼力」所需要的動機。

最終，未來他最珍惜的女人會沐浴在「話語的體貼」之中。

守護女性的座位

行為當中，體貼禮儀的第一項就是「等女性入座了，才能坐下」。

一九九九年，我帶著八歲的兒子一起到歐洲出差。當時，我負責的中提琴獨奏家受到克羅埃西亞的國家專案邀請，預定在絕美的城寨都市杜布羅夫尼克古城演出。我沒辦法與兒子分開兩個星期，於是決定帶他同行。

在維也納、札格雷布、杜布羅夫尼克等地方，我們跟音樂工作者，還有他們的家人見面，也一起在街道上散步。在那裡會看到對母親或祖母非常貼心的男性，在餐廳和演奏會會場，即使是還沒上學的小男生也絕對不會自行先坐下。他們會溫柔地等到全部同行的女性都入座了，才滿意地跟著入座。

那種表現實在非常令人讚賞。他們的體貼不是幫女士拉椅子，那種事會由餐廳服務生來服務，而只是耐心地在一旁溫柔守護著，確認親愛的人都順利入座，以及椅子坐起來是否舒服等。

不可思議的是，「守護大家入座的情形，最後滿意地坐下的人」，在現場看起來就像領袖般；即使那只是一個五歲的小男生也一樣。

自然而然地，我家八歲的兒子也跟著入境隨俗，學了起來。

世界通用的體貼紳士禮儀

後來，透過那個座位禮儀，我理解到所有體貼禮儀的共通點。

養成守護座位習慣的兒子，自然也會在上下車或上下樓梯的時候，留心注意我的腳步。當我穿著高跟鞋下樓梯的時候，兒子會先走在前面兩三階的位置，回過半身來確認我安全地踩下每一步，專心地盯著看；若發現我有一絲的不安，就馬上向我伸出手臂。我穿著長裙禮服的時候，他也會看著守護我走上樓梯；我自己心裡也很清楚，所以只要感到不安，就停靠在樓梯邊上回頭看他；微微點頭的他，真的就像個護花騎士。當然，我一站到門前，他也會幫我開門。

歐洲的男士以稀鬆平常的方式貫徹這些洗練的禮儀，這些體貼舉止全部都是從「守護」開始延伸出來的；並非講究挽著手臂、拉椅子等表面的收尾動作。

實際上，即使在歐洲，男士也不會總是伸出手臂挽著女性；他們選擇隨時在一旁守護，只要女士一有不安，就馬上伸手支援。邏輯就這麼簡單。

儘管根據當天女性穿的鞋子和服裝，或者年齡的不同有些微的差異，不過基本的重點還是放在這些情境：「入座的時候」、「起身的時候」、「開始下樓梯」、「開始上樓梯」、「開門的時候」。若再加上「守護搭乘電梯的女性」（留意門口、幫忙按樓層按鍵）、「在飛機機艙的走道上讓道」、「幫女士穿上大衣」這三項，那麼這樣的男性走在世上任何角落都不會失禮。在你送兒子走向全世界之前，請好好教導這些體貼禮儀吧。

訣竅就是，從學習守護女性的座位開始做起；就算是到家庭餐廳去用餐也可以做。**只要養成這個習慣之後，其他的行為舉止自然也會跟著變得體貼。**

反過來，受到體貼的那一方也要有合宜的接受方式。總歸一句話，女性在任何時候都要優雅地行動。抬頭挺胸面向前進的方向，慢慢地移動腳步（只有臉部微微向前，可不是向前彎著身子迅猛前進）；在樓梯前放慢速度；入座前先暫停一下，與自己的騎士交換個眼神的同時緩緩坐下。

向前彎著身子蹬蹬蹬地迅速前進的話，會讓人連一點給予體貼的空隙都沒有；最後還猛然往椅子上一坐，反倒使在一旁守護的男士感到難為情。

度。

當男士想為你穿上大衣時，你的兩隻手臂應該筆直地向後抬起，表現出莊重的態度。

男性於是將大衣的長袖穿過那「兩根棒子」，把整件大衣套到肩膀上為止。如果男性只是攤開大衣呆站著，而讓背對自己的女性先把一隻手臂穿過一邊的袖子，然後再把肩膀擠進大衣內，這樣其實是錯誤的做法。再說，這麼做的舉止一點也不美，而且意外地更花時間，揚起的灰塵也更多。

啊——體貼的舉止真的非常重要，直教我希望將來能辦一個母子的體貼禮儀教室；不過，還是希望本文能清楚傳遞那份精髓。

擅長料理的男人

時下，我們已經迎來了第三次的韓流，接二連三看完人氣韓劇的結果，發現一件令人驚訝的事情：男主角都會下廚料理。

上週看過的韓劇裡，大韓帝國（以平行世界之另一國境為場景設定）的皇帝竟穿著帥氣的正式軍服烹飪正統料理，只為款待心愛的人。在本書已經多次登場的《愛的迫降》男主角利正赫，也是以迷彩野戰軍服的英姿，在廚房裡數次下廚做飯，討得女主角的歡心。

不過，為什麼是穿著軍服呢？難道是軍服與料理兩者的落差令人覺得性感嗎？抵擋敵人的攻擊，保護最愛的人到最後；給予各種療癒和安慰；精心製作美味料理——這才是二十一世紀的男主角。換句話說，料理也是體貼的一部分。

況且，就我看過的這幾部韓劇來說，故事裡所有的女主角都不會料理（微笑）。

基於此，最近常被問到的問題就是：「怎麼做才能讓兒子擅長料理呢？」

事實上，男性腦本來就應該對料理在行。藉著優秀的空間認知力和運動神經，可以輕易地練就一身烹飪的技巧。

對「美味」敏感，或者說能夠明確地反應「自己喜歡的味道」一般以女性居多，但是論及能「客觀地捕捉滋味、加以比較評價」的反倒是男性腦取勝。職業廚師當中，男性人數壓倒性居多，應該就是上述兩項能力較強的緣故吧。

就因為男女有別，男性給的讚美總是會使人惱怒；例如說出「我覺得還不錯啦」、「用鹽巴調味的技巧進步了呢」等這樣的話。

誰要你給予客觀評價了啊？「好吃」、「真開心」、「一直好想試試這個耶」這種主觀的回應，才是女性最先想聽的話呀。

於是，男女的頭腦對料理的掌控會有微妙的差異，但是不管哪一邊都有潛力變成料理高手。

事實上，家裡的主廚是我兒子。

他做的料理當中，我最喜歡的一道菜就是焙燒鹿肉，比起至今吃過的名廚所烹飪的鹿肉（當中甚至包括戴上星星的米其林大廚），兒子做的還是最美味。

兒子在外租屋的那段期間也曾告訴我：「這個星期因為高麗菜很便宜，就想出了三種高麗菜料理呦。」即便是一個人，身上也沒多少錢，卻仍然真心享受下廚煮飯，那個態度著實令人佩服；而且他也是能夠將剩菜剩飯物盡其用的天才。

若是兒子掌廚的時候，跟他一起在廚房裡並肩站著真的很快樂。要買哪些食材因為也是兩人一起規畫，所以對話會跟著變多；偶爾兒子也會邀我一起去買菜。

最好的一點就是，因為他理解到料理的人的用心和辛苦，所以懂得具體地說出感謝的話——「採買這個很辛苦吧。真是美味啊！」格外讓人覺得花費心思很值得。我超級推薦各位媽媽都帶著自己的兒子投入料理的天地裡。

此外，我家媳婦迷上兒子的理由之一、而且是排在很高的順位，我想應該就是他擅長料理這個強項。假如兩名男子都同樣英俊，那麼相較之下，擅長料理的男子絕對會更受歡迎。

婆婆的功勞

最早訓練兒子的味覺的是婆婆。

一九九一年，兒子出生的那年正值泡沫經濟的巔峰期，社會的齒輪感覺就像在全力地高速運轉似的；與因為全球新冠疫情而緩速停止的今天恰恰好相反。當時，我所開發的「說日語的女性ＡＩ」才剛導入全國的核能發電廠運作，匆忙結束產假，無法再休養，就把三個月大的兒子留下，返回商業的戰場。

婆婆很快就答應接手照顧這個孫子，滿臉笑容地說：「現在我也終於有機會照顧孩子了啊。」婆婆身為傳統手工職人的妻子，自己也曾開設工坊；職人的家庭裡，年輕目明的媳婦可是工作上的主要幫手，因此照顧孩子通常由奶奶負責。婆婆真的與孫子度過了一段快樂的甜蜜時光，我對婆婆的感激實在非筆墨所能形容。

婆婆會用泡了半天的乾香菇、昆布、現削的柴魚片來熬煮高湯，而且是每天不會漏掉的必做事項。利用那種高湯煮出味道非常淡的白魚肉（鰈魚、左口魚），就是兒子人生最初吃到的離乳食。

我相信，是當時婆婆的料理幫忙兒子建立味覺的。兒子的味覺明顯比我的更加卓越準確，因此我不認為那個料理功能系統是自己的傑作。

順便一提，我會把娘家媽媽給的飛魚和柴魚湯底包混合使用（雖然只是把兩種湯底包加在一起煮），而兒子則是在柴魚高湯裡加昆布。吃火鍋的時候，兒子就在他的特調高湯裡再加入滿滿的乾香菇，那都是泡了半天的香菇。他本人似乎沒有意識到，那其實就是奶奶的味道；那是令人無比懷念，幾乎使人落淚的滋味啊。

若時機來到，哪一天孫子誕生的話，他的味覺可能會由我來設定也說不定。思及此，我可能要先找個料理教室好好學習了。

那麼，又該怎麼做才能讓男孩擅長廚藝呢？

答案是：**父母親要盡量讓吃飯與下廚這些事變得有樂趣**，就跟喜歡上閱讀是一樣的道理。就是因為看到父母親開心地享受烹飪的過程，孩子才會伸手接觸料理；就是因為看到父母親吃得津津有味，孩子才會跟著想嘗嘗。像奶奶用愛心熬煮高湯那樣，父母親也必須願意花時間熬煮高湯給孩子吃；用愛和用心，就是這麼簡單。

可惜，面對料理似乎沒有省力的捷徑。

某次，有位母親前來諮詢，談起她擔心自己的兒子吃得很少。

據她描述，為了讓孩子集中精神吃飯，會收起玩具、關掉電視，再拉上窗簾，打造一個讓人可以專心的氣氛，而她自己則不吃飯，只是坐在一旁協助。然而這麼做的結果，兒子還是不吃。

我顫抖著身子這麼回應這位母親：「這位媽媽，請你把自己跟兒子的位置調換過來看一下。傍晚一到吃飯時間，母親就擺出恐怖的臉拿走玩具，刷——地一聲拉上窗簾，連電視的聲音也消失，最後再端出晚飯。同時，媽媽又用一副沉思的表情靠近自己。每天、每天這樣重複著。世上有那麼恐怖的吃飯時間嗎？」

對方聽了馬上認同我的說法。「唉呀～的確。這樣反而會把吃飯變成創傷呢。」

不能彈的鋼琴

不只是料理，父母若想讓孩子做些什麼，首先該考慮的不就是開心地樂在其中嗎？某次，我有個機會與蕭邦鋼琴大賽大賞得主的蘇聯鋼琴家談話，「你為什麼會成為鋼琴家呢？」問完後，對方回答道：「由於父母親兩人都是音樂家，家裡到處都可以接觸到樂器的關係。」

這位鋼琴家是家裡三個孩子中的老么，父母親對哥哥和姊姊都實施音樂的菁英教育，卻不教老么任何樂器，似乎別有意圖地故意讓這個孩子與樂器疏離；他們的想法是，孩子當中起碼有一個應該走非音樂家的路。孩提時的他偷偷地玩著、敲著鋼琴鍵盤，最後成為家族當中最有成就的演奏家。

父母親和哥哥姊姊演奏時快樂的模樣引導了我，鋼琴家如此說道。

我想到：**不採用「填鴨式教育」，但「被禁止」的做法也發揮了很大的作用吧**。被禁止的話，反而會增加好奇心，這是人性。孩子被告知：「這個蓋子一定不能開。」但是，打開蓋子就會發生大事的奇幻故事，這世上究竟有多少呢？

就像學東西這種事不能強迫，即使沒有禁止，也該讓孩子自然而然地接觸到出現在眼前的事物，以那種方式去誘發孩子的興趣。出乎意料地，那才是我們能教給孩子的最棒的「才能」。

自然地納入視線，去觸碰和嘗試，最後由充滿好奇心的孩子自己踏出第一步，其實就是在發揮頭腦最佳的判斷力。從頭腦的構造來看，這是不說自明的道理。

我認為，我家兒子做得最好的就是廚藝。這麼一想，他給人的感覺就是：用料理的感知判斷在職場工作，用料理的感知判斷在蓋房子。

學才藝雖然也是好事，但**在日常生活中自然經驗到的感知判斷力，更能夠與頭腦有深度的互動。**

——你的兒子日常當中都接觸什麼呢？

《湯姆歷險記》大作戰

在我童年讀過的書當中，有一幕特別令人無法忘懷；那是地位不可動搖的兒童小說《湯姆歷險記》裡頭的一段情節。

主角湯姆有一天被父親喚去，交代他把住家周圍的牆壁刷上油漆；湯姆要孤單一人在寬廣的牆面上持續刷油漆一整天。玩伴為取笑他走了過來，受夠了的湯姆突然想到一個點子，故意讓玩伴看到自己愉快刷油漆的「演技」。

這麼一來，朋友紛紛羨慕不已，每個都喊著說：「讓我刷一下嘛。」只要湯姆表現出不情願的樣子，朋友就會捧上貢品，進一步懇求。最後湯姆（假裝）心不甘情不願地，只讓朋友刷一點點油漆。

刷油漆被當成了「好不容易到手的權利」，令每個孩子都開心；湯姆的朋友又跑去向其他孩子炫耀，孩子一個個都聚集了過來。結果湯姆不只變成了孩子人氣王，還額外拿到貢品，最後也得到父親的稱讚。這就是那一幕的情節。

這個「想法的轉換」對我是極具衝擊性的發現。

此後，我如果想招兵買馬的話，就會搬出演技假裝很樂在其中的樣子；工作的企畫案如此，家事也一樣。不過，假裝開心終究還是會連結到頭腦裡真正的「開心」。現在的我已經不會再假裝開心，而是自然地開心做事。

基於這個理由，與丈夫共同分擔家事與育兒的時候，並不是勉強他配合「討厭的義務」，而要把情況變成像是讓他「一起加入令人開心的活動」。借用湯姆的作戰模式，現在洗衣服已經變成丈夫的責任。

希望兒子一起料理的時候，當然也是利用《湯姆歷險記》大作戰。

首先，最基本的就是母親（當然也可以是父親或祖父母）做飯的樣子要看起來很快樂。「唉呀～這番茄看起來好好吃喔」、「今天是大家都愛吃的茄子咖哩呦」開心地自言自語，然後再自然地邀孩子加入，「拌一下這個」、「幫我試一下味道」。

待成果一出來，別忘了讚美孩子：「你的幫忙讓這道菜更美味了喔」、「你有料理天分耶」等等。

藉由這樣一步步的引導，把料理情景刻印在男孩子的頭腦裡，使料理成為「愛的對話」的一環。將來，你的兒子應該就會想要為珍愛的人動手做飯吧。為疲憊的身心，端上親手做的菜，讓撫慰滲透每一處，這就是最頂級的體貼了。

最強的體貼

雖然前面一一談論了話語的體貼、舉止的體貼、料理的體貼，然而最強的體貼則另有答案。

那就是——柔和的表情。

表情會使一個人的心情瞬間改變。

看到柔和表情的人，就會感受到柔和的心情。

表情可以支持最重視的人的「心」，所以稱為最強的體貼。

我們頭腦當中有一個功能，可以將「眼前的人的表情或動作，像鏡子一樣照映，直接截取至神經系統」；這個被稱為鏡像神經元（mirror neuron）的細胞具備這項傳輸能力。

嬰兒擁有大量的鏡像神經元，看見眼前的人的嘴角表情動作，自己也會跟著模仿，進而習得了（acquire）一個詞。

即使嬰兒才出生三個小時，我們就可以確認他的頭腦擁有這項功能。有一項名為「新生兒的共鳴動作」的實驗，當一個人把臉靠近嬰兒的眼睛，耐心地重複吞吐舌頭的話，嬰兒就會跟著模仿（也會有不感興趣的嬰兒，因此即使自己的孩子不會這麼跟著做，也請不用擔心）。

即使是剛出生三小時的嬰兒，當你把眼前粉紅色的物體在自己身體的某處觸碰一下，他也知道該如何重複同樣的動作……！當然，這裡指的不是新生兒思考後具體地做了動作，而是指他的鏡像神經元有了共鳴反應。

運用這個功能，你對嬰兒笑，他也會跟著笑；你招手，他也跟著招手。最後，孩子會受到媽媽的話的引導而開始說話。

母親專有的獨特

嬰兒對誰的表情肌肉都會有反應，可是唯獨對母親的會有特別強烈的反應。

之所以如此，是因為嬰兒待在胎內的十個月裡，已經對母親的肌肉運動有細微的感應。母親微笑的時候，表情肌肉會牽動腹肌及橫隔膜一起柔軟地動。說話的發音則更加戲劇化，肺部膨脹、橫隔膜上下移動、腹肌緊繃，接著是腹腔發出聲響。

因此，嬰兒才剛出生不久就對母親的表情或話語，表現出強烈的共鳴反應。**關於育**

兒這件事，父親和母親的擔子並非平均分配；母親具壓倒性的優勢。

有一次，我演講結束後，一名男性到等候室來找我諮詢。

對方看來像五十幾歲，是個高中校長。他開始描述道：「我一個人獨自把三個孩子扶養長大」；他的妻子因為生老三時難產而不幸過世。

「連母親長什麼樣子都不知道的老么，不可思議地竟然跟母親的說話方式一模一樣。我的妻子是常把『謝謝』掛在嘴邊的女人，過去常常向我道謝。老么也時常跟妻子一樣，在同一個時機、用同一種語調說：『謝謝』。

「那孩子明明沒見過母親，行為上卻一樣，這一直令我覺得很不可思議。但是今天的演講終於讓我明白了其中的道理。

「那個孩子並非對自己的母親一無所知。待在母親的肚子裡整整十個月，一直感覺得到她的人。那孩子確實見過自己的母親啊。」

基於這個原因，母親的話語和表情比任何人都對孩子有更大的責任。

當了媽媽之後，話語和表情任意隨著感情起伏而表現出來是不行的。

對放學回到家的孩子，你是用安穩的表情迎接嗎？（若是職業婦女，請想想自己回到家時的表情。）

當你用「安穩、充滿好奇心，或有活力、愉快的表情」迎接孩子，他就會跟著在自己的臉上反映出同樣的表情，接著整個心情就會變得跟臉上的表情一樣安穩又愉快。

表情是很有趣的東西，可以輸出，也可以輸入。換句話說，因為開心所以會出現開心的表情，但是做了開心的表情後，頭腦裡面就會觸發開心時的神經訊號。

當你用「不滿、黯淡、碎念抱怨的表情」，或者是「不耐煩又暴跳如雷的表情」迎接孩子，他的心情也就變得跟那種表情一樣慘淡。

光是媽媽的表情，就能使整個家變成天堂或地獄。

世界之始

不可否認，即使是做母親的，也會有難熬的時候；感覺煩躁、大發脾氣什麼的，其實這是誰都會有的家常便飯。

母親有喜怒哀樂這件事本身很重要，有時只能透過憤怒或悲傷，才能引導孩子長大。孩子的頭腦會經由喜怒哀樂的落差，而繪製出感性的地圖。所以，「媽媽不能生氣，一定要永遠溫柔」這種想法，會導向不好的結果，最後使孩子缺乏感性。

不過，唯有「路上平安」和「歡迎回家」這兩句話，應該總是以安定且柔和的表情對孩子說。

空間認知力卓越的男性腦，習慣把「點」連起來，變成「線」和「面」。媽媽一天只要固定有兩次「溫柔的表情」，其他時間就算有變數，孩子仍然會在心底深處認同你是「溫柔的媽媽」。只要想到「家裡有溫柔的媽媽」，在外面不管有多少苦難也能忍耐熬過去。在遙遠的未來，也還是會想起「媽媽真的是好溫柔的人啊」。

這麼一來，媽媽柔和的笑臉就能培養兒子柔和的表情。這個才是男人最強的體貼能力。

男人擁有足以改變人生的表情，也是從媽媽身上學到的。

這是身為媽媽的責任：一天兩次扮演溫柔的女人。

看遠不看「近」，整個人丟給媽媽教養的男性腦。

以母親為座標軸原點，進而開拓世界觀的男性腦。

對兒子的頭腦而言，媽媽是「世界之始」兼創造的女神。

不管對幾歲的兒子來說，媽媽所站的位置都不會變。無論世上給予多麼高的評價，獲得母親的認同，心裡才終於覺得舒坦的男人也不在少數。

所以說，我希望當媽媽的人都能幸福生活著，並且願意肯定自我。

本書雖然談論了許多令人聽起來刺耳的事情，那些不中聽的內容全部都可以不用在意，只要把你認同的意見記在心裡就足夠了。

畢竟，我一點也不想否定身為媽媽的人的人生。

若媽媽可以享受人生，兒子自然會像那樣成長為有魅力的人。放心，你辦得到。

結語

生下兒子的那一晚，我做了一個很短的夢。
我夢見自己的枕邊站著年約六十歲的兒子，對我說：「你一心一意愛過我呢。」
那夢境微妙地感覺很真實，似乎確實感到兒子溫暖的氣息吹過我額頭。也許真的在那一剎那，我穿越了時光，瞥見自己「人生畢業」的瞬間。

真好啊～我當時這麼想。
帶著兒子說：「你一心一意愛過我呢」這個記憶離開人間。
讓兒子用溫暖的氣息送我踏上人生的最後一段旅程。
生命的最後一刻如果能被如此安寧的記憶包圍著，人生又有何畏怖？

我想，自己養育孩子的目標就是這個吧。

第一次把兒子抱在手臂裡，則是八小時後的事情。

身為人工智慧工程師，在與創造出來的人工智慧相處的日子裡，我與「人類之子」相遇了。

「人類之子」展現出來的鮮明個性，令我打從心底感到驚訝；人工智慧終究無法超越的，那生命的光輝……！

為母的具體感受和直覺，讓我開拓了與其他人工智慧開發者不同的路。拜這個母職所賜，才能像現在這樣獲得寫書的幸福。

能當我兒子的媽媽，是我此生最大的恩典。

說到夢，我還做了另外一個夢。

某時，神站在夢枕邊，這麼對我說：「賞你諾貝爾獎。」呵呵呵！當時，正在研究「腦的週期性所創造的流行循環」（trend cycle），假如夢境成真的話，就會得到諾貝爾經濟學獎了，而且經濟學獎、日本女性得獎人都會是史上第一次的紀錄。這麼一來，我的書應該也會跟著大賣吧，嘻嘻嘻。對了，必須練習頒獎典禮的英文得獎感言，而且出席時最好還是穿和服吧。

神對著興奮不已的我叮囑道：「不過，你要拿育兒的回憶來交換。」

那真是不可思議的條件啊。並不是要求拿兒子去交換，而是拿「育兒的回憶」去交換？

我的腦海裡回想起幼兒時期兒子的模樣，到幼兒園去接兒子，他一看到我，就會臉上掛滿笑容，用似乎快跌倒的步伐（有時真的會跌倒帶滾地），奔向我張開的手臂。

我在夢裡哭著大叫：「等一下！諾貝爾獎就算了！」

我被自己的聲音叫醒，心臟狂跳著。我快步走向兒子的臥室，他因社團活動而疲累地睡著，我隔著距離看著他的睡臉，一邊認知到自己確實是憶起了「四歲時以手背靠手背的他」。

拿那段甜蜜的育兒回憶去交換這種事，無論多少財富和名譽都不可能！這是連一秒鐘都絲毫不用猶豫的答案。

我說這種話，應該每一位為人母的女性都會異口同聲地贊同。任誰都絲毫不用猶豫。

諾貝爾獎對母親來說就只有那種分量而已。

如你所知，這就是媽媽的愛。

（又不是很可能獲獎，還讓大家聽這些不遜的發言，真是過意不去呀。）

我希望家裡有兒子的媽媽，都能快樂地教養「男性腦」。

我也希望做兒子的人，要知道媽媽的愛。

這就是我開始撰寫本書的初衷。

讀到這裡，你認為這本書如何呢？

我之所以能夠詳細地把至今的研究發現結集成書，要感謝熟悉我過去的著作、切實提出建言的扶桑社編輯部的赤地則人先生；這些文章也觸動了赤地先生本身的思母情懷。對於赤地先生及他的母親，我在此由衷表示感謝。

當一個兒子的媽媽，別讓「男女腦的鴻溝」遮住了你特別的生命光輝，也別背負過多的壓力。

祝福你與現在抱在懷裡的「小戀人」，永遠能夠擁有溫柔的對話。

願全天下的媽媽，今天也心滿意足。

二〇二〇年九月，於媳婦生日的早晨

黑川伊保子

教養生活 071

兒子使用說明書：

在你放棄和兒子溝通之前，請先看腦科學專家怎麼說

作　者—黑川伊保子
譯　者—蘇楓雅
編　輯—邱淑鈴
責任企劃—張瑋之
美術設計—F E 設計
校　對—邱淑鈴

編輯總監—蘇清霖
董 事 長—趙政岷
出 版 者—時報文化出版企業股份有限公司
一〇八〇一九臺北市和平西路三段二四〇號一至七樓
發行專線—（〇二）二三〇六六八四二
讀者服務專線—〇八〇〇二三一七〇五・（〇二）二三〇四七一〇三
讀者服務傳真—（〇二）二三〇四六八五八
郵撥—一九三四四七二四時報文化出版公司
信箱—一〇八九九臺北華江橋郵局第九九信箱
時報悅讀網—http://www.readingtimes.com.tw
電子郵件信箱—new@readingtimes.com.tw
法律顧問—理律法律事務所　陳長文律師、李念祖律師
印　刷—勁達印刷有限公司
初版一刷—二〇二二年四月二十二日
初版二十五刷—二〇二四年八月十四日
定　價—新臺幣三五〇元
（缺頁或破損的書，請寄回更換）

時報文化出版公司成立於一九七五年，並於一九九九年股票上櫃公開發行，
於二〇〇八年脫離中時集團非屬旺中，
以「尊重智慧與創意的文化事業」為信念。

兒子使用說明書：在你放棄和兒子溝通之前，請先看腦科學專家怎麼說／黑川伊保子著；蘇楓雅譯. -- 初版. -- 臺北市：時報文化出版企業股份有限公司, 2022.04
240面；21×14.8公分. --（教養生活；71）
譯自：息子のトリセツ
ISBN 978-626-335-245-2（平裝）
1.CST：親職教育　2.CST：親子溝通　3.CST：親子關係
528.2　　111004339

ISBN 978-626-335-245-2
Printed in Taiwan.